반짝이지 않아도 잘 지냅니다

반짝이지 않아도 잘 지냅니다

김민지 에세이

샘터

추천의
*
글

가끔 누군가 민지를 전 아나운서라든지 두 아이의 엄마, 혹은 나의 아내라고만 생각하는 것을 보면 조금 아까운 생각이 든다. 그 말들은 김민지라는 사람의 아주 작은 어느 한 면밖에는 설명할 수 없기 때문이다.

반면 민지가 쓴 글은 내가 아는 민지의 본 모습에 가장 가깝다. 따뜻하고 바른 생각을 가지고 매일매일을 살아가는, 사랑스럽고 재미있는 사람.

사람은 누군가에게 깊이 이해받고 받아들여질 때 '좀 더 좋은 사람이 되고 싶다'는 생각이 드는 것 같다. 항상 누군가를, 무언가를 이해하려 노력하는 민지의 마음은 그렇게 주변을 보듬고 밝혀준다. 이 책을 읽는 분들에게도 그 마음이 닿기를 바란다.

박지성(전 축구선수)

'엄마'라는 이름으로 살아가는 날들 속에서, 싱그럽게 피어나는 아이와는 달리 나는 모든 양분을 내어주며 조금씩 지고 있다는 걸 문득문득 느끼곤 했다.

 그 여정의 숭고함을 온전히 헤아리지 못한 채, 타인의 시선 속에서의 '나'를 잃지 않으려고만 애썼다. 그런 내게 김민지 작가님의 책은 공감과 위로를 넘어, 개안(開眼)에 가까운 경험으로 다가왔다.

 이 책은 안개에 가려 잘 보이지 않던 삶 속에도 분명 빛나는 순간들이 있었음을 일깨워 주고, 평범한 일상 속 숨겨진 보물들을 하나하나 찾아보고 싶게 만든다.

한혜진(배우)

나는 김민지를 웃겨서 좋아한다. 늘 그가 얼마나 유쾌한 사람인지 세상도 알아줬으면 했는데, 이제야 그런 기회가 온 것 같아 반갑다. 그의 유머에는 사회적 맥락을 읽어내는 지성, 대상을 직시하는 용기, 그리고 예술과 언어를 다루며 키운 풍부한 표현이 담겨 있다. 그래서 끝도 없이 대화하고 싶다는 이상한 욕구를 불러일으킨다. 이 책에는 말로는 닿지 못한 깊은 내면과 잘 벼려 밀도 높게 담은 생각이 압축돼 있다. 나와는 다른 삶을 사는 한 사람의 이야기로도 충분히 매력적이지만, 자신에게 붙은 이름표와는 상관없이 스스로를 존중하며 살아가는 사람이 만들어 내는 기분 좋은 에너지야말로 이 책이 주는 가장 큰 선물이다.

최다은(라디오 PD)

(들어가며)

*

이대로도 충분할 방법

스스로를 드러내는 일에 태연한 사람들이 있다. 확신에 찬 태도로, 자신을 주저 없이 온전히 드러내는 이들. 안타깝게도 나는 그런 사람은 영 못 되어 지금도 손톱을 물어뜯고 있는 참이다. 내가 이런 걸 써도 되는 건가?

글이야 종종 써보았지만, 그동안 내가 해온 글쓰기란 주로 나 자신이 잘 드러나지 않도록 하는 것들이었다. 근거 위주로 내 생각을 뒷받침하되, 주장 자체는 넌지시 하는 언론사용 글쓰기. 신문에 기고할 때도 그랬다. 물론 내가 관심 있는 주제를 고르고 글을 쓰기는 하지만 그보다는 시의성과 공익성을 고려하고 이 글이 왜 의미 있는지를 증명하는 데 공을 들였다. 그런 글은 이렇게 쑥스럽지 않았다.

그러고 보면 아나운서라는 직업도 비슷했다. 다른 생김새, 각각의 개인이 지닌 특성은 있겠으나 결국은 소속된 스테이션을 대변하는 역할이기 때문이다. 더구나 나는 사람들에게 잘 알려진 소위 '유명인' 남편을 만났으니, 자유롭게 내 생각을 이야기하는 일은 오랫동안 내 것이 아니었다. 혹시라도 기사에 실려 오해 살만한 일들을 피하기를 10년 동안 노력해 왔다. 남들의 오해란 나의 상상 범위 안에서 가동되는 일은 아니라서, 제아무리 노력한다고 해도 그 생각을 막거나 바꿀 수는 없기 때문이다.

하아, 내가 독보적인 커리어를 가진 성공한 사람이었으면 내 생각을 이야기하기가 더 쉬웠을까. 케이트 윈슬렛처럼 말 자체에 힘이 있는 여성이었다면. 한마디 말로 영감을 불어넣고 용기를 주는 그런 사람. 나는 왜 그렇게 되지 못한 거지. 그런 생각들을 하면서, 옆에서 따끈한 차를 마시며 속 편하게 앉아 있는 남편을 괜히 한번 슥 흘겨본다. 이런 사람들은 도통 내 마음을 모를 거다. 왜 이렇게 말 한마디를 하는 데에 많은 용기가 필요한지, 도대체 왜 이렇게 스스로에게 자신이 없는지 말이다. 남편은 자신의 꿈을 향해 극기하며 결국 목표를 이루어 낸 '훌륭한' 사람이니까. 그런 남편이 그 특별한 경험들과 깨달음에 대해 이야기하면 다들 "오오, 역시" 하며 고개를 끄덕여 줄 거다. 부럽다니까 정말.

그러나 나는 국가대표 축구선수만큼의 능력도 정신력도 없이 그저 근근이 내 인생을 살아왔을 뿐으로, 누구를 감동시킨 적도 전율을 불러일으킨 적도 없다. 스스로와 싸워 이기기는 개뿔. SBS 입사 오리엔테이션으로 지리산 종주를 하던 때, 제일 먼저 낙오되어 맨 뒤로 처진 데다가 "김민지 씨! 자신과 싸워 이겨야 합니다! 자신을 이기지도 못할 사람이 어떻게 승리를 꿈꾸겠습니까!" 하는 산악 대장님의 기개 넘치는 말씀에 "어차피 저랑 싸워서 져도 제가 이기는 건데, 괜히 싸울 필요 없잖아요" 같은 한심한 얘기를 구시렁거려 대장님의 화를 돋우기만 한걸.

역설적이게도, 이 책이 나오게 된 이유는 내가 그런 별것 아닌 사람이어서다. 별생각 없이 열어본 이메일에 '김민지 선생님께' 하는 출판 종사자 특유의 정중한 인사말이 있었을 때, 나는 별수 없이 가슴이 뛰고 말았다. 이런 글이라도 누군가 읽게 된다면, 나의 인생도 그런대로 의미 있는 것 아닌가, 하는 뻔뻔한 생각이 들어버린 거다. 보잘 것 없는 경험과 생각뿐이더라도, 그럴싸한 깨달음 같은 건 없어도. 그래도, 아니 그래서 혹시 누군가에게 위로가 될 수도 있는 거잖아.

내가 할 수 있는 가장 좋은 이야기들을 고르고 어디서도 하지 못했던 비밀들을 모아 다듬으면서, 밤마다 이불을 차게 했던 부끄러운 일들, 너무 초라해 없었던 일로 하고 싶었던 모습들, 그 모든 실패와 굴욕의 기억들을 꺼내 하나하나 매만졌다. 분명 끔찍한 기억이었는데도 쓰다 보니 웃음이 나는 일들이 있고, 쓸 때는 웃었는데 읽다 보니 눈물이 나는 것들도 있었다. 그 모든 것들을 꽃다발처럼 소중히 엮어 들고 이리 돌

려보고 저리 돌려보면서 생각한다. '이 꽃다발로 무얼 할 수 있으려나.'

　잘 보이는 곳에 두기엔 영 화려하지 않고, 그렇다고 국을 끓여 먹을 수도 없고. 이것은 울창한 나무도 아니어서 비바람을 막아주지도 못할 것이다.

　그러나 이 다발이 필요한 이에게로 전해지고, 단 한 송이라도 그의 삶에 한 조각이 되어서 함께 비를 맞고 바람을 견디는 상상을 하면 가슴이 막 벅차올라 더 이상 바랄 것이 없게 된다. 비로소 이대로도 충분하다는 생각이 든다. 반짝이지 않아도 괜찮다고. 이 글도, 나 자신도 말이다.

눈부신 초여름날에,

김민지

차례

〈들어가며〉

이대로도 충분할 방법

*

8

1장

*

작은
시작들을
바라보며

마음속에 품은 것이 있다면 * 21

모텔에서 저를 보셨다고요 * 29

우리는 서로를
금방 알아볼 수밖에 없었다 * 34

내 마음 같지 않은 직장 생활 * 41

바라는지도 몰랐던 운명 * 49

인생은 정말 길더라고요 * 54

2장

＊

서툰

사랑이 모여

가족이 된다

있는 그대로 아름다운 거야 ＊ 63

언니는 나의 힘 ＊ 71

온 힘으로 지어낸 엄마의 자리 ＊ 81

진짜 사랑의 모습 ＊ 88

엄마가 되는 것, 바다가 되는 것 ＊ 94

이 사랑에는 이유가 없다 ＊ 101

쓸수록 자라나는 마음 ＊ 107

시간을 되감지 않고서도 ＊ 115

3장

✱

그럼에도
이해하려는
마음

정상과 비정상 ✱ 123

무엇으로 웃고
무엇으로 울든 괜찮다면 ✱ 128

받은 만큼 돌려주기 ✱ 134

그 마음은 내 것이 아니었다 ✱ 141

우주, 좋아하세요? ✱ 149

작은 태양들에게 ✱ 156

마더랜드로 가는 길 ✱ 161

예술과 예술이 아닌 것 ✱ 168

어른이 되지 못한
어른들에게 ✱ 177

4장

*

익숙하고
낯선
런던에서

루나 뉴 이어 * 187

초록에서 마주한 얼굴 * 197

용기는 아이 안에 있다 * 205

누군가는 알레르기가 있고 * 211

오늘 날씨 정말 춥지 않아? * 217

졌지만 잘 싸웠다는 말의 본고장 * 223

달리는 그녀들이 만든 길 * 230

서두를 일 없이
반짝일 필요도 없이 * 236

(나오며)

이것은 나의 방

*
242

1장

*

작은
시작들을
바라보며

마음속에

＊

품은 것이 있다면

　　미국의 언론인이자 작가인 앰브로스 비어스는 "로 또는 수학을 못 하는 사람들에게서 떼어가는 세금이다"라고 말했다. 맞는 말이다. 천만 분의 일 정도 되는 확률로 일어나는 일이 나에게 일어날 거라 기대하는 건 그다지 상식적이지 않으니까. 그러나 나는 그 압도되는 숫자를 보고도 매주 로또를 사는 사람들의 심정을 조금은 알고 있다. 2천 명 중 한 명을 뽑는 지상파 공채 시험에 감히 지원해 봤기 때문이다. 도무지 얼마나 많은 수인지 감도 안 오는 어마어마한 사람들 중에 내가 뽑힐지도 모른다고 생각하는 것. 그리고 거기에 '올인' 하는 것. 이성적이고 합리적으로 따져보는 사람이라면 그런 걸 어떻게 할 수 있을까.

어렸을 때 입이 야무지다는 소리를 꽤나 들으며 자랐다. 수시로 어른들 말에 끼어들거나 대거리를 해도 말대꾸한다고 혼난 적이 없었다. 대신 "왜 그렇게 생각하냐?" 혹은 "그래, 네 말이 맞다"라는 말을 자주 해주셨다. 지금 생각하면 다분히 말도 안 되는 이야기를 한 건데도 우리 집 어른들은 너그럽게도 나를 나름대로의 생각이 있는 어린이라며 기특하게 여겨주었다. 그중에서도 손주들이라면 끔찍하게 아끼셨던 우리 외할아버지는 늘 말버릇처럼 "민지는 아나운서가 되면 좋겠다" 하셨는데, 그때 처음으로 '아나옹사'가 되고 싶었다. 어린 나이에 아나운서가 뭔지도 잘 모르면서 '아나옹사'를 꿈꿨던 것이다.

말이 많고 수다 떨기를 좋아하는 소녀로 자란 나는 예술가이신 엄마와 예고에 다니고 있던 언니의 영향으로 자연스럽게 미술을 시작했다. 당연한 수순처럼 예술 고등학교에 진학하고 미술 대학을 다니게 된 그 모든 과정이 물 흐르듯 자연스러웠고 여정 또한 즐거웠다. 그런데 그대로 대학을 졸업하여 작가가 되기에는 당시 하고 싶은 이야기가 별로 없었다는 게 문제였다. 예술가로서의 소명을 진지하게 받아들이고 그에 대한 깊은 고뇌와 열정을 이미 지니고 있던 친구들이 있었지만, 나는 고등학교부터 대학까지 같이 간 친구들과 '집-학교-학원'을 차례로 돌던 시절에 머물러 있었다. 익숙하고 안온했지만 그런 내 모습이 만족스럽지는 않았다. 더 다양한 사람을 만나고 세상을 좀 더 알아가고 싶었다.

그런 나에게 대학에서 방송영상학을 부전공으로 하며 엿본 방송의 세계, 아나운서라는 직업은 무척 매력적으로 다가왔다. 혼자 작업하는 미술과 달리 각 분야에서 전문성을 가진 이들이 모여 합작한다는 점도 좋았다. 조별 과제를 하며 만나게 되는 다양한 전공의, 나와는 다른 경험을 한 친구들과 자극과 응원을 주고받는 일. 각자의 작업실에서 고유한 나만의 세계를 구축하는 데 전념하는 미술과에서는 할 수 없던 멋진 경험이었다. 그리하여 졸업을 앞두고 대학원에 진학하는 대신 방송사에 입사하고 싶다는 마음을 굳혔다.

그런데 하필이면 내가 졸업하던 해는 '종편 채널'이 허가 나며 방송가에 위기가 몰아치던 때로, 3년 동안 지상파 방송사에서 아나운서를 뽑지 않았다. 그리고 지방 방송사나 작은 채널에서는 바로 현장에 투입할 수 있는 '경력 있는' 지원자를 선호했다. 그 결과 나는 족족 서류에서 광탈이었다. 텅 빈 '경력란'에 이렇게 써넣고 싶었다. '다들 경력자를 뽑으면 저는 어디서 경력을 쌓나요!' 스물셋에 졸업을 한 나는 학원도 다니고 스터디도 하면서 작은 케이블 채널부터 지방 방송사까지 부지런히 지원서를 뿌렸다. 경력 우대의 사회에서 중대한 하자가 있는 내가 면접이라는 기회를 얻기 위해선 추가적인 정성을 보여야만 했다. 규모가 크지 않은 회사들의 경우 따로 양식이 존재하지 않고 자율적으로 기본 양식의 서류를 작성해 제출하도록 한 경우가 많았는데, 나는 거기에 자기소개서를 세 장이나 추가로 공들여 작성해 함께 보냈다. 그 덕분에 몇몇 회사에서 면접을 볼 수 있었고, 감사하게도 실무 경험을 쌓을 수 있었다.

뉴스를 하는 지역 케이블 채널과 통신사 채널, 스포츠를 전문으로 하는 지상파의 자회사 등에서 3년간 일하는 동안, 방송이란 실로 엄청난 것임을 배웠다. 무슨 일이 일어나고 있는지 직접 내 눈으로 확인할 기회가 주어졌고, 아무에게나 공개되지 않는 비하인드 신을 볼 수 있었다. 그리고 그것은 내가 이해하고 해석한 대로 시청자들에게 전달되었다. 내 생각이, 내 모습이 고스란히 송출되는 걸 보자 순간 '헉, 잠깐만. 진짜로 이게 나간다고?' 하는 겁이 덜컥 났다. 언론인이 된다는 것은 말과 행동에 무거운 책임이 따르는 일임을 인지하고, 반드시 먼저 좋은 사람이 되겠다는 단단한 각오를 해야 하는 일이라는 것을 그때 알았다.

그 3년은 나에게 꼭 필요한 시간이었다. 그토록 염원하던 '다양한' 사람을 만나 보았고 그리하여 배우게 되었다. 이상한 인간은 어디에나 있다. 하지만 대체로는 괜찮고, 더러는 아주아주 좋은 사람도 만나게 된다. 그리고 배우려는 마음만 있다면 그 모두에게서 얻을 것이 있다. 일을 빨리 끝내면 떡볶이 먹을 짬이 생긴다는 것을 알려준 카메라 기자와 항상 밝다고 '자체발광'이라는 별명을 붙여준 선배, 카메라 앞에서 쉽게 동정하거나 감정을 보이면 객관과 공정을 잃게 된다고 충고해 주었던 선배. 혼내기도 하고 고기를 사주기도 하면서 나를 웃게도 울게도 해주었던 얼굴들. 그들 덕에 나는 내가 그토록 궁금해하던 세상과 사람, 그리고 나 자신에 대해 더 잘 알게 되었다.

도장 깨기 하듯이 여러 방송사의 시험을 봤던 나지만, '언론고시'라고 불리는 지상파 방송사 시험은 다르긴 달랐다. 미인 대회에서 입상한 이력이 있는 이미 유명인이던 지원자, 국제기구에서 일한 경험이 있는 고스펙의 지원자들 사이에서 주눅이 들 때도 있었다. 그러나 지상파 방송사 시험은 내가 얼마나 대단한지보다는 내가 누구인지를 더 알고 싶어 하는 것 같았고, 나는 스스로에게 가까스로 자신이 생겨 있었다. 그동안 느끼고 배우고 성장한 나의 경험들. 그것들이 착실하게 쌓인 채로 나의 '믿는 구석'이 되어주었기 때문이다.

한 달간의 인턴 생활을 포함해 시험이 진행되는 동안 받은 질문은 셀 수 없이 많았다. 간단한 질문도 있었지만 더러 까다롭고 어려운 질문도 있었다. 그 답은 모두 내 안에 있었다. 외할아버지 무릎에 앉아 "아나옹사가 되겠다"라고 외친 나, 미술을 전공하며 전시 설명을 한 나. 스터디를 하러 모여서 친구들과 머리 맞대고 읽었던 책과 신문, 수도 없이 써냈던 작문과 논술, 전국 곳곳 출장을 다니며 본 스포츠 경기들, 대본도 없이 생방송으로 인터뷰를 진행한 일. 배우고 느끼고 감동하며 성장한 그 '경험'은 오롯이 나만의 것으로, 누가 손댈 수도 없게 내 속에 빠짐없이 남아 있었다. 시험 기간은 3개월이었지만, 사실 내가 아나운서가 되는 데에는 살아온 시간이 꼬박 걸린 셈이다.

 나는 뭘 믿고 그런 무모한 일을 벌였을까? 무모함의 비밀은 사실 내가 수학을 못 해서가 맞는 것 같다. 까짓것 지원자가 2천 명이든 200명이든 단 두 명이든 어쨌든 내가 되면 되는 거고 안 되면 안 되는 거 아니야, 하고 생각해 버린 탓이다. 수학 잘하시는 분들은 이 무식한 이야기에 기겁할 수도 있지만 무식이 용감이라고, 왜 로또도 절대 안 될 것 같은데 당첨자가 매회 나오지 않나. 오디션 프로그램에 101명의 반짝이는 아이들이 다 함께 '나야 나!'를 외치는 중에도 1등이 나오는 것처럼. 불수능에도 물수능에도 누군가는 대학에 합격한다. 결국 그게 나거나, 내가 아니거나 둘 중 하나일 뿐이다. 그러니 로또를 사든 오디션에 지원하든 마음속에 품은 무언가가 있다면 일단 해보시길! 해보기 전까진 주인공이 내가 될지 안 될지, 그 누구도 절대로 알 수 없다.

모텔에서

저를 보셨다고요

　학교는 신촌에 가까웠고 집은 신천역 근처였기 때문에, 아침저녁으로 오가며 근처 모텔 구경은 많이 했다. 그러나 좀처럼 가볼 기회는 없었는데, 어떠한 계기로 전국에 괜찮다는 모텔을 꿰게 된다. 정확히는 2010년에 입사한 KBS N이 스포츠 채널인 덕에 전국 곳곳에 출장을 가면서부터였다.
　당시 스포츠 채널에 입사한 아나운서는 축구, 야구,

배구, F1 등 방송사의 중계권이 커버하는 종목의 경기를 경기장에서 관람하고 경기 내용에 대한 인터뷰를 하는 것이 주 업무였다. 경기는 종목에 따라 전국 곳곳에서 열렸다. F1은 강원도로, 여자 축구는 화천으로, 배구는 천안으로 가고, 야구 때문에 인천, 대전, 대구, 광주, 부산을 갔다. 출장은 두세 명의 PD와 FD로 꾸려진 제작진, 중계를 맡는 아나운서 선배와 해설위원으로 이루어진 해설진, 그리고 짧은 소개 영상이나 인터뷰를 담당하는 신입인 나로 팀이 꾸려졌다. 그러고는 보통 다 같이 이동이 편리한 경기장 가까운 곳에 숙소를 잡는데, 그 숙소는 주로 지역에서 괜찮다고 하는 모텔이었다. 그렇게 월화수는 대구에서, 목금토는 부산에서 지내는, 지역 모텔 도장 깨기 생활을 하게 되었다.

잠실에서만 30년을 살고 대학까지 2호선 안에서 해결한 나는 대한민국 곳곳의 모텔을 전전하는 생활이 무척 재미있었다. 역마살에 팔짱을 끼우고 신나게 돌아다니는 기분이랄까. 지금은 어떨지 모르겠지만 당시 모텔은 분명 호텔과 비슷한 수준의 청결과 시설을 갖추고 있더라도 묘하게 음지성을 띄고 있었다. 내가 그런 인상을 받은 데에는 처음 가본 대구의 모텔에 360도 회전하는 침대가 있었다는 점이 한몫했다. 그리고 화장실 벽이 투명한 모텔, 실내 조명이 온통 붉은색인 모텔, 천장 전체가 거울로 되어 있는 모텔도 있었다. 그럼에도 모텔을 숙소로 잡는 데는 이유가 있었다.

모텔의 좋은 점은, 근처에 잘 꾸려진 편의점과 맛집이 있다는 것이었다. 대구에는 가장 맛있는 막창 거리에, 부산에 가면 횟집이 즐비한 바닷가 근처에 모텔이 있다. 그래서 일을 마치면 편한 신발로 바꾸어 신은 뒤 코앞에 있는 식당으로 가 팔도의 특산품을 맛보았다. 대구에선 막창을 먹었고 광주에선 홍어회 무침이 있는 백반을 먹었고 부산에선 도다리를 먹었다. 다 처음 가보는 곳들이었고 처음 먹어보는 음식들이었다.

집을 떠난다는 것을 상상도 하지 못하던 나에게 KBS N에서의 경험은 꽤나 큰 도전이었다. 어쩌다 모텔이 없는 산골에 중계를 가면 여인숙에서 다른 여자 동료와 한방을 쓰기도 했다. 불편해 잠을 설칠 줄 알았는데 내내 산을 오르내리며 일을 하니 코까지 골면서 꿀잠을 잤다. 수압이 낮은 샤워기도 괜찮았다. 못 먹는 줄 알았던 콩국수도 잘 먹게 되었다. 가로등도 없는 시골길을 걸어보고 처음으로 반딧불을 보았다. 처음 가보는 곳, 전혀 모르는 동네를 혼자 돌아다닐 수 있는 사람이라고 스스로를 정의하자 내가 할 수 있는 것들이 훨씬 많아졌다. 할 수 있는 것이 하나둘 많아지면 겁이 없어진다. 바뀐 환경 속에서 나도 모르던 새로운 내가 마구 튀어나왔다. 그리고 나는 그런 내가 썩 마음에 들었다(하지만 모텔에서 물침대를 뒤에 두고 찍은 셀카를 엄마는 지금도 싫어한다).

아쉽게도 그 생활은 오래가지 못했다. SBS 공채에 지원하느라 3개월 만에 회사를 그만두어야 했기 때문이다. 그때 나는 앞으로 다시는 대구의 모텔에, 강원도의 여인숙에 갈 일이 없으리라는 걸 알았다. 하지만 그렇다고 내 안에 생긴 이 새로운 에너지가 쉽게 사라지지 않을 거라는 것도 알았다. 그것은 바로, 내가 오랫동안 찾아 헤매던 나 자신에 대한 믿음이었고 자신감이었다.

우리는 서로를 금방

*

알아볼 수밖에 없었다

　SBS의 고약한 입사 관행 중 하나는 오리엔테이션의 일부로 지리산 종주를 한다는 것이었다. 모든 신입사원이 9박 10일 동안 지리산의 가장 높은 봉우리인 천왕봉에 등반한다. 국립 공원으로 지정되어 있어 샴푸나 비누 같은 화학 제품은 전혀 사용할 수 없고, 당연히 요리도 할 수 없어 줄을 당겨 데워 먹는 군용 식량으로 끼니를 해결해야 했다. 세수도 양치도 제대로 못한 채로 말이다.

  나는 지금과 마찬가지로 그때에도 등산은커녕 산책도 하지 않던 무근력 무근성의 허약 체질 그 자체였다. 게다가 당시는 아나운서 시험을 보고 있을 때라 체중 감량에 목숨을 건 다이어트 중독으로, 저체중에 툭하면 손발이 떨렸다. 등반을 시작하고 며칠 만에 당연한 수순으로 나는 뒤처지게 되었다. 고관절이 들어올려지지 않아 손으로 등산복을 잡아당기며 겨우겨우 올랐다. 동기들과의 거리는 점점 벌어지고 나의 정신 상태를 꾸짖는 산악 대장님만이 말동무로 남았을 때, 어디선가 들리는 '끄응' 하는 소리에 고개를 들었더니 그녀가 있었다. 이번이 아홉 번째 지리산 종주라는 류란과, 긴 다리로 앞서나가는 혜영 언니가 선두를 놓고 경쟁하는 가운데 고독한 낙오자 그룹에 합류한 나의 동기. 최다은 PD는 나와 동류였다.

  몸을 잘 쓰고 운동량이 많은 사람이 있듯이 감각을 많이 쓰고 마음이 부지런한 사람들도 있다. 꼭 그런 건 아니지만 경험상 그런 사람들은 체력이 비리비리한 경우가 많았다. 그 언니도 예술을 전공한 사람이었다. 명문대 작곡과를 졸업했으면서도 대학원에 진학해 교수의 사사를 받지 않고 죽어라 고생해 취업을 한, 약간은 돌연변이였다. 그 무렵 나 역시 방송을, 그리고 인생을 예술처럼 여기며 세상의 수많은 (아름다운) 것들을 전하고 나누려는 야무진 꿈을 꾸고 있었다. 말이 잘 통할 수밖에 없었다. 우리가 이런저런 수다를 떨면서 목적지에 도착하면, 바위에 걸터앉아 쉬고 있던 동기들이 "이제 갈 시간이네~" 하면서 다음 목적지로 출발하기를 반복했다. 그렇게 비록 뒤처진 후발대일지언정 나와 언니는 어찌어찌 꾸역꾸역 정상에 올랐다.

  과연 지리산 가장 높은 봉우리의 절경은 예사롭지 않았다. 용처럼 꿈틀거리는 구름들이 융단처럼 깔려 있고 사이사이 봉우리들이 간간이 등허리를 드러내고 있었는데, 눈으로 직접 보고 있으면서도 세상의 것이 아닌 것처럼 보였다. 고양감을 느끼며 그 장관을 한참 바라보니 왜 회사에서 이런 일을 기획하고 진행하는지는 알 것 같았다. 더 이상 올려다볼 것이 없는 압도적인 광경에 도취되면, 갑자기 원대한 포부가 생기고 무엇이든지 할 수 있을 것만 같은 착각이 들기 때문이다. 그 포부가 너덜너덜해져 흔적도 없이 사라지는 데에는 오랜 시간이 걸리지 않는다 해도, 몸과 마음이 젊은 날 한 번쯤 경험할 만한 벅차오름이긴 했다고 생각한다. 절대 다시 올라갈 일은 없겠지만.

그렇게 한 달 동안 연수를 하며 서로 볼 꼴 못 볼 꼴을 보게 되자 모든 동기들이 특별하고 소중하게 느껴졌다. 그중에서도 같은 12층에서 근무하게 된 다은 언니는 동기이자 동료였고 어떤 이야기든 마음 편히 나눌 수 있는 동무이기도 했다. 성인이 되어 만날 수 있는 좋은 인간관계의 교집합이라고 할까. 우리는 비슷한 것에 끔찍해하고 서로가 좋아하는 것에 쉽게 동의했다. 언니가 추천해 주는 것들은 늘 내가 딱 좋아할 만한 것들이었다. 여행을 다녀온 뒤 엽서에 적어주는 언니의 편지는 늘 나를 울렸다. 그것은 단지 우리가 가깝고 많은 것을 공유하고 있어서가 아니라 다은 언니가 어떤 것을 관찰해 진단을 내리고 그것을 현실에 처방하는 데에 탁월한 재능이 있기 때문이다. 언니가 인기 영화 팟캐스트 〈김혜리의 필름클럽〉을 제작하고 진행하면서 많은 응원과 지지를 받는 건 놀라운 일이 아니다.

나는 언니가 결혼할 때 사회를 봐주었고, 언니는 내가 결혼할 때 피아노를 연주해 주어서 우리는 서로의 중요한 순간에 제법 의미 있는 방식으로 함께했다. 내가 회사를 그만두고 나서는 언니가 런던에도 제주도에도 놀러 와주었다. 언니는 노박 조코비치가 온갖 방향에서 날아온 공을 쳐내듯이 어떤 이야기든지 기예에 가깝도록 잘 받아주기 때문에 우리는 세계의 평화에 대해서, 방탄소년단에 대해서, 그리고 그 둘 다에 대해서 끊임없이 밤새 이야기할 수 있다(물론 언니나 나나 체력이 달리니 정말로 해본 적은 없다).

지금의 나처럼 다은 언니도 책을 집필하고 있다. 얼

마 전 나눈 카톡에서 우리는 각자 자신의 글에 대해 '최악'이라고 이야기하며 "내 글을 못 견디겠다"느니 "출판하고 잠수를 타겠다"느니 했다. 스스로에게 가차 없는 사람들은 곧잘 '자격 없음'이라는 자가 진단을 내리곤 한다. 그러나 나는 사실 언니가 한 글자도 허투루 쓰지 않았으리라는 것을 확실히 알고 있다. 누군가가 가벼운 마음으로 쉽게 해낼 수도 있는 작문, 출판, 방송, 그리고 이 모든 것을 포함한 인생을 언니는 결코 만만하게 대하는 법이 없다는 것을 알기 때문이다. '아무도 몰라도 내가 알잖아' 하면서, 남들한테는 티도 안 나는 것을 붙들고 고치고 또 고치는 아티스트의 모습이 영락없이 나온다는 것을 말이다.

그래서 나는 언니에게 '잘해보자', '열심히 하자'는 말 대신 "언니, 우리 그냥 아무거나 써재끼자"라고 했다. 죽이 되든 밥이 되든, 뭐든 써재낀 다음에 2025년 방탄소년단이 모두 제대하기 전까지만 털어버리자며 결의를 다졌다. 하지만 그게 어디 마음대로 그렇게 되겠나. 쾌속으로 털어버리기는커녕 매만지고 매만지며 글자마다 마음을 뚝뚝 떨어뜨려 한껏 질척거리고 있는걸. 안 봐도 뻔하다. 다은 언니도 별반 다르지 않을 것을.

　감각이 없는 다리를 질질 끌며 올라가던 지리산의 산길이 생각난다. 신체는 약하고 심성이 예민한 사람에게 세상은 맵찬 것이다. 마음이 가야만 몸이 움직이는 이들은 늘 좀 늦다. 그러나 그 사실이 쓸쓸하게 느껴질 때에 고개를 들면, 다은 언니가 언제나 거기에 있을 것 같다. 우린 또 이런저런 이야기를 나누며, 그런대로도 계속 걸어갈 것이다.

내 마음 같지 않은

직장 생활

　입사 당시 충만했던 자신감과 자부심, 행복, 기쁨, 즐거움 그리고 기타 등등… 그 모든 좋은 것들은 안타깝게도 그리 오래가지 않았다. 직장 생활이 뭐 다 그렇지 않나. 그러니까 내 말은, SBS는 훌륭한 회사고 심지어 나는 2천 명의 지원자 가운데 뽑혀 그야말로 로또 맞을 확률로 목표를 이룬 셈이었다. 합격 전화를 받고서 감사하다고 눈물까지 흘렸으니, 매일같이 설

레는 마음으로 눈을 뜨고 맡겨진 모든 일에 감사하며 하루하루 기뻐해야 마땅한데도… 누군가의 환상을 깨고 싶은 건 아니지만 회사 생활이 뭐 다 그렇더라니까.

아나운서를 준비할 땐 자못 비장했다. 아나운서가 되면 다양한 분야의 사람들과 진정으로 소통하고, 시청자와 청취자에게 유용한 정보와 깊은 위로를 전하며, 서로에게 좋은 영향을 주고받으며 나 역시 함께 성장할 수 있으리라는 막연한 기대가 있었다. 그런데 막상 입사하고 보니 신입 아나운서는 어떠한 분야에서 뚜렷한 성과가 있을 때까진 연예, 시사, 정치, 스포츠, 문화를 그저 조금씩 '찍먹' 할 수밖에 없었다. 신입 아나운서가 맡게 되는 업무란 각각은 대개 간단하고 짧은 일인데, 각각의 파트에서 동시에 다양하게 주어졌다. 마치 대학에서 교수님이 학생들에게 자신의 수업 과제만 있는 줄 알고 '이 정도는 할 수 있죠?' 하며 과제를 쏟아내는 것처럼. 감사한 일이지만, 안타깝게도 나는 매일 쏟아지는 네다섯 개의 업무를 겨우 '쳐내는' 수준으로밖에 해내지 못했다. 아무리 허덕이며 좇아도 그것들 하나하나에 몰입하고 내 것으로 만들어 성장하기에는 내 체력이, 정신력이, 능력이, 아니 그냥 나라는 인간이 너무 나약했다.

어느 날은 '너무 어려 보여 신뢰감이 부족하다'는 말을 듣고, 또 어느 날은 '스물일곱이라니 나이가 너무 많다'는 이야기를 들었다. 아, 어쩌란 말인가! 조금 더 뛰어난 미모를 가지고 있었더라면, 조금 더 어렸다면, 조금 더 체력이 좋았다면… 모두를 만족시키는 방법은 내가 아닌 사람으로 다시 태어나는 수밖에 없었다. 팔다리를 힘껏 휘저어도 앞으로도 뒤로도 움직이지 않는 감각. 그 막막함에 그저 계속 저으면 언젠가는, 어딘가에는 닿겠거니 하고 더 열심히 움직였다. 그땐 그게 최선이고 방법인 줄 알았다.

그러던 어느 날 회사에서 원고를 고치고 있는데 입과 광대 주변이 무척 아파왔다. 마치 어깨 힘이 좋은 누군가가 전력을 다해 못으로 내리치는 것 같은, 말도 못 할 통증이 계속되었다. 하루 종일 끙끙거리다 퇴근했는데, 밤이 되자 입술 주변에 포진이 올라왔다. 응급실에 가보니 대상포진이었다. 얼굴이 온통 물집으로 뒤덮였고 마약성 진통제가 아니면 견딜 수 없는 무지막지한 고통이 계속됐다. 아침에 일어나면 세수 대신 소독을 해야 했고, 하루 종일 얼굴에 젖은 거즈를 올려놓은 채 흉터가 최소한으로 남기만을 바랄 뿐이었다. 물집이 휩쓸고 지나간 얼굴에는 온통 딱지가 앉아 외출을 할 수가 없었다. 그 상태로 방송을 할 수는 더더욱 없었고. 때문에 한 달 가까이 휴직을 하게 되었다. 그동안 모아두었던 휴가로만 한 달이 꽉 채워졌다. 주말에도 출근했기에 대체 휴가는 차곡차곡 쌓여 있었고, 연차도 거의 쓰지 않아 적립된 휴가가 어마어마했다. 체력과 면역력이 동이 났던 동안에 말이다.

사람 얼굴에는 온갖 신경이 모여 있어서 대상포진을 앓는 사람들 중에서도 나는 가장 고통스럽게 앓은 케이스라 했다. 귀로 퍼지면 뇌수막염, 눈으로 가면 실명까지 될 수 있었다며 "어쩌다 이렇게 됐어요" 하는 의사의 말에 딱히 할 말이 없었다. 그는 또한 대상 포진은 면역력이 암 직전 정도의 최악으로 떨어진 상태일 때 걸린다며, 몸의 경고를 잘 받아들이라고 충고했다. 온갖 이야기를 다 귀담아들으면서도 내 몸이 지르는 비명은 못 들었던 것이다. 내 인생이 너무 불쌍하게 느껴졌다. 그동안 아무도 책임지지 않고 있던 김민지의 건강, 김민지의 매일, 나의 인생이.

방송일을 하다 보면 하루라도 일을 못 하는 날엔 불안하고 누군가 내 자리를 대체할까 싶어 얼른 다시 일하고 싶다던데, 나는 진정한 방송인은 못 되는 모양이었다. 병실에 머무는 내내 그저 무척 외롭고 허무했다. 휴가 내면 큰일 나는 줄 알았는데, 한 달이나 쉬어도 아무 일도 일어나지 않다니. 꼭 내가 해야만 할 것 같던 일들이 사실은 전혀 그렇지가 않았다. 내가 비운 자리는 육아 휴직에서 돌아온 반가운 선배의 얼굴이 채웠고 싱그러운 후배들도 새로 뽑혀 들어왔다. 정말로 아무 문제가 없었다. 심지어 회사는 더 잘 돌아가는 것 같기도 했다. 배신감보다는 안도감이 들었다. 이제는 그 일이 있기 전만큼 열심히 살고 싶지는 않아졌기 때문이다.

항상 공과 사를 구분해야 하고 둘 중에는 늘 공적인 일이 우선되어야 함은 아주 어렸을 때부터 내가 받아온 가정 교육이었다. 아빠가 판사로 오래 일하시는 걸 지켜보면서 공무원 마인드에 대해 학습했기 때문이 아닐까 싶다. 그래서 맡겨진 '일'이, 그 소명이 인생에서 가장 중요한 건 줄 알았다. 일을 통해 인정도 받고 성공도 해보고 그렇게 인생의 의미를 찾는 줄 알았다.

그러나 삶이 송두리째 흔들리자 비로소 나에게는 '삶' 그 자체가 가장 중요하고 의미 있다는 것을 깨달았다. 치르치르와 미치르가 온 숲을 뒤지고 마녀를 만나고 돌아온 후에 방 안의 새가 파랑새였다는 것을 마침내 발견한 것처럼, 별 볼 일 없고 대단하지 않더라도 나에겐 내 인생이 그 자체로 중요한 거였다. 멀리 갈 것도 없이, 나는 그냥 살아 있는 채로 오래오래 계속 맛있는 음식을 먹고 좋은 작품을 감상하고 책에 감동하며 여행을 가고 친구들과 우정을 나누고 깊이 사랑하는 사람도 만나고 싶었다. 대타라곤 없는 나의 삶을 나는 가장 지키고 싶어졌다.

한 달 뒤 회사로 복귀해서는 체력에 무리가 되거나 일이 과중되어 시간이 빠듯하다 싶으면 곧잘 '못 하겠다'고 이야기했다. 잘 먹고 잘 잤다. 대체 휴가가 생기면 바로바로 써버렸다. 언니가 있는 보스턴으로 휴가를 가고 남동생이 있는 런던에도 다녀왔다. 주어진 일을 마다할 때마다 귀중한 '기회'를 걷어차는 느낌이 들었으므로 매번 큰 용기가 필요했지만 망설임은 없었다. 그러자 회사에는 (모두 사실이 아니었지만) '김민지는 일에 영 욕심이 없다', '아니다, 어마어마한 빽이 있다'는 소문이 돌았다. 무슨 얘기를 듣든지 나는 그냥 나에게 집중하며 할 수 있는 만큼을 했다. 그리고 그 최선은 단지 내 기준과 양심에만 따랐다. 어차피 마지막에는 시청자도 PD도 기자도 작가도 선배도 후배도 남아 있지 않을 테니. 얼굴에 붕대를 칭칭 감고 홀로 누워 있던 병실을 떠올리면 결국 내 삶에는 오롯이 나만 남게 될 것이라는 사실이 분명해졌고, 그 순간 결정은 어렵지 않았다.

중요한 것이 명확해지자 방송도 훨씬 재미있어졌다. 몸과 마음이 덜 지치고 전에 없이 건강하게 느껴졌다. 이렇게 편안한 상태라면 뭐든지 해낼 수 있을 것 같은 자신감도 그때 생겼다. 그러자 '살이 쪘다'는 얘기를 듣기 시작했다. TV에는 너무 건강하면 안 예쁘게 나오니까 말이다. 그러니까 내 말은, 그래서 직장 생활이 다 그렇고 그렇다는 거다. 영 내 맘 같지가 않다니까.

바라는지도 몰랐던

운명

　나는 학창 시절 내내 모쏠로 유명했다. 중학교, 고등학교, 대학교를 통틀어 가장 수줍고 남자에 관심 없어 보이는 아이까지도 모두 남자 친구를 사귀어 볼 동안 무척 오랫동안 연애라는 걸 못 해봤기 때문이다(그러나 아직도 못 한 게 아니라 안 한 것이라 생각하고 있다).
　그것은 내가 터무니없이 이성을 재단하는 눈이 높거나 까다로워서가 아니었다. 나는 그저 인위적인 만남이 싫은, 소위 '자만추(자연스러운 만남을 추구하다의 줄임말)'를 원하는 사람이었다. 2020년대에 생겨나 유행한 이 말만큼 나의 연애관을 잘 설명한 단어가 그때에는 없었기 때문에 그냥 '남자에 영 관심 없는 유별난 애' 정도의 취급을 받았다. 자연스러운 만남 추구에는 잘못이 없다. 다만 내가 한 학급에 남자가 두 명밖에 없는 예술 고등학교를 졸업한 후 여자 대학교에 다니는 여자였을 뿐이다.

그리고 시간이 흘러 가까스로 모쏠은 면하였으나 자만추만은 여전히 양보 못 하던 시절, 나는 나의 얄팍한 결벽으로는 도무지 거절할 수 없는 소개팅을 제안받게 된다. 상대는 독특한 이력의 소유자로, 그는 20, 30대를 대상으로 한 '결혼하고 싶은 남자' 설문조사(그때는 이런 조사가 유행이었다.) 1위에 오른 남자였다. 수년간 2위가 원빈일 때도 정우성일 때도 1위만은 내주지 않았던, 그는 박지성 선수였다. 축구 앞에선 순수한 소년 같으면서도 담대한 카리스마를 갖춘 그는 나의 오랜 이상형이기도 하였다.

이런 사람과 소개팅을 한다고 하면 의외로 소개팅이라는 생각도 들지 않는다. 그저 '워런 버핏과의 점심 식사' 같은 이벤트에 응모해 당첨된 사람처럼, 엄청난 양의 CD를 구매해 천 장의 응모권을 넣어 사인회에 당첨된 아이돌 팬처럼 얼떨떨할 뿐이었다.

신사동에 있는 중식당 2층, 계단 오른편에 있는 작은 방의 문을 열자 둥근 테이블에 앉아 있는 지금의 남편이 보였다. 그는 초록색 티셔츠를 입고서 살짝 몸을 일으키며 안녕하세요, 했다. 빨간 유니폼을 입고 잔디를 배경으로 하고 있지 않아서일까, 그는 대표팀 주장처럼도, 최초의 프리미어리거처럼도 보이지 않았다. 꼭 원래 알고 있던 좋은 사람 같았다. 그렇게 우리는 아주 별일 없이 연애도 하고 결혼도 하게 되었다.

가끔 반짝이는 눈으로 두 분은 어떻게 만났느냐는 질문을 하는 분들을 만나면 나는 미리 죄송해진다. 그 뭔가 특별하고 운명적인 로맨스를 기대하며 빛나던 얼굴이, 소개팅으로 만나 결혼했다는 대답에 바로 실망의 빛으로 바뀌는 것을 몇 번이나 보았기 때문이다. 내가 생각해도 남편 같은 유명인의 결혼 스토리치고 소개팅은 너무 평범하고 시시하다.

그럴 때면 나는 우리가 사람들의 기대처럼, 영화나 드라마에서처럼 극적으로 만났으면 어땠을까 생각해 본다. '우연히 마주친 여자와 남자는 어떠한 사건으로 서로 오해하고 좋지 않은 인상을 갖지만, 우연이 반복되면서 서로 자꾸 마주치게 된다. 그때마다 으르렁거리던 그들은 점점 사랑에 빠져 어떤 고난이나 역경도 이겨내며 운명적인 사랑을 한다!'라는 로맨틱 코미디의 공식처럼.

하지만 나는 자만추와는 영 인연이 없는 인생을 산 데다, 남편은 자만추를 하기엔 길거리도 맘 놓고 못 돌아다니던 불쌍한(?) 처지였다. 그리고 남편도 나도 호불호가 확실해 마음에 안 드는 사람과 굳이 서사를 쌓아갈 성격도 못 되긴 하니, 돌이켜 보면 그날의 어색했던 소개팅이 아니었더라면 우리가 이렇게 이어질 일은 없었을 것 같긴 하다.

올해로 우리는 결혼한 지 10년이 되었다. 시간만큼 확실한 답을 주는 것이 또 있을까. 나와 남편은 가장 우리답게 만나서 여전히 우리답게 살고 있다. 그렇게 남편을 만나 결혼을 했고, 남편을 닮은 아이를 하나 낳고 나를 닮은 아이를 하나 낳아, 넷이 되어 매일매일을 살아간다. 같이 밥을 먹고 차를 마시고 일상을 공유하며 웃기도 하고 울기도 한다. 그러면서 나는 이것이 우리의 운명인 것 같다는 생각을 한다. 내가 바라는지도 모르는 채 기다려 온, 소중한 운명이라고 느낀다.

인생은 정말
*
길더라고요

회사는 브라질 월드컵을 4개월 앞둔 2014년 3월에 그만두게 되었다. 가까스로 저질 체력에 알맞은 워라밸을 찾았고 마침 〈풋볼 매거진 골!〉이라는 프로그램을 만나 즐겁게 진행하고 있던 즈음이었다. 일주일에 한 번 하는 뉴스도 열심히 했다. 좋은 동료들로부터 많이 배우고, 성장하는 것을 느끼며 하루하루가 재미있던 날이었다.

그러던 중 남편(당시 남자 친구)과 한강에서 치킨을 먹는 사진이 찍혀 연애 중이라는 사실이 알려졌다. 게다가 월드컵을 앞두고 남편의 대표팀 복귀에 대한 여론과 거기에 응할 수 없는 남편의 몸 상태 등으로 말들이 오가며 여러모로 소란스러운 날들이 이어졌다. 사실 그때 남편은 대표팀 복귀는커녕 선수 생활의 은퇴를 염두에 두고 있었다. 고질적인 무릎 부상이 최악의 상태로 치달아 조금만 뛰어도 며칠 동안 잠을 이루지 못할 만큼 심각했기 때문이다.

그리고 그해 초, 〈풋볼 매거진 골!〉팀이 월드컵에 가게 될 거란 이야기를 들었다. 마음이 복잡했다. 축구 프로그램 진행자에게 월드컵 출장은 당연히 멋진 일이다. 모두가 중요하다고 말하는 바로 그 '기회'였다. 역사적인 현장에 함께하는 일은 아나운서를 꿈꾸며 수없이 그려본 장면이기도 했다. 그런데 도저히 가겠다는 말이 나오지 않았다. 내가 브라질로 몇 달이나 출장을 가면 남편의 은퇴와 그 후의 시간을 함께 보낼 수 없다는 것이 마음에 걸렸다. 은퇴하고 처음으로 축구선수로서가 아닌 '축구 팬'으로서 월드컵을 지켜보게 될 남편, 홀로 후배들의 경기를 응원하는 박지성 선수의 모습을 생각만 해도 뭉클하고 쓸쓸했다. 프로그램의 진행자로서 빛나는 순간보다, 그 사람의 곁이 더욱 내가 있어야 할 자리 같았다. '으이구 바보~' 하는 소리가 사방에서 들리는 것 같았지만 내 그릇이 그거밖에 되지 않는 것을 어쩌겠나. 기회는 다른 이에게 옮겨갈 테고 일은 누군가 대신하겠지만 소중한 사람의 곁을 지키는 일은 누구한테 맡길 수도 없는 나만이 할 수 있는 일이자, 나의 인생이었다.

제작진과 논의 끝에 월드컵 출장을 가지 않기로 하고 퇴사 시점을 앞당기기로 결정했다. 월드컵에 가게 될 후임을 정하고 그가 프로그램에 적응할 충분한 시간이 필요했기 때문이다. 막연히 '결혼 후 남편이 유학을 떠날 때'로 생각하고 있던 퇴사 날은 그래서 예정보다 이른 3월이 되었다. 후임으로는 장예원 아나운서가 프로그램을 이어받았다. 예원이는 센세이셔널한 미모로 데뷔하며 SBS의 월드컵 방송 흥행에 큰 역할을 했다. 심지어는 월드컵 미녀로 선정되어 전 세계적으로 유명세를 떨치기도 했다(예원이는 이 일로 아직도 나에게 고마워하고 있다). 나는 남편과 치킨을 시켜 먹으며 월드컵의 모든 경기를 함께 봤다. 나는 내가 빠진 〈풋볼 매거진 골!〉을, 남편은 자신이 없는 대표팀의 경기를 지켜봤다. 짧았던 내 아나운서 시절은 그렇게 막을 내렸다. 이렇다 할 활약 없이, 호기롭게 10년을 붓겠다고 가입했던 은행의 연금 상품은 반도 못 채운 채로.

그리고 8년이 흐른 2022년, 나는 카타르 월드컵에 왔다. 아이 둘을 데리고 아줌마가 되어서 말이다. 우리 엄마가 만날 "민지야, 인생이라는 게 참 긴 거다. 절대로 짧지 않아. 그러니까 아쉬워하거나 후회할 필요가 없다" 했는데, "대~한민국!"도 제대로 못 외치는 우리 애기들 손을 잡고 어쨌든 월드컵에 왔다는 것이, 정말로 월드컵이랑 인연은 인연이라 해야 할지, 인생이란 알 수 없다 해야 할지. 그리고 브라질 월드컵과는 다르게 카타르 월드컵에선 우리나라가 16강에도 진출했다. 포르투갈을 꺾은 그 '역사적인' 경기를 보면서 눈물이 다 났다.

지금의 나의 더없이 기쁜 마음이, 충분한 흡족이 2014년 회사 로비에서 배성재 선배와 커피를 마시며 어깨를 축 늘어뜨린 채 "저 월드컵 못 가겠어요" 하던 김민지에게 위로를 전할 수 있다면 좋겠다.

"아쉬워 마, 너는 콧물이 찔찔 흐르는 애기를 둘이나 데리고 월드컵에 오게 된단다! 그리고 네가 유튜브에 올린 영상도 많은 사람들이 좋아해 줄 거야. 인생이 길다, 그러니 어깨 펴."

회사를 다니며 3년밖에 내지 못했던 연금은 그 이후에 매달 꼬박꼬박 내어 결국 10년을 다 채웠다. 짧은 아나운서 생활이었지만 나에겐 그래도 많은 것이 남았다. 퇴사할 때 받은 감사패와 연말 시상식에서 한 번 받은 아나운서 상, 뼈 아프게 배운 교훈들, 온갖 굴욕적인 짤, NG를 내고 웃는 영상, 아직도 나를 시집간 딸처럼 대해주는 선배들과 여전히 절친한 동기들, 참 귀여'웠던' 그러나 이제는 함께 늙어가는 후배들,

가족과 다름없는 성재 선배. 그리고 삶의 여러 중요한 순간을 지나오는 동안 항상 서로의 곁을 지켜준 나와 남편이 있다. 이 사람을 절대로 쓸쓸하게 두지 않겠다던 그때의 다짐이 10년째 변치 않은 채로 있다.

2장

*

서툰
사랑이 모여
가족이 된다

있는 그대로

아름다운 거야

"저는 이남 일녀 중 둘째로 태어나…"

취준생들 사이에서 이 문장은 금기다. 이렇게 시작하는 자기소개서는 심사 위원들이 읽지도 않고 폐기한다는 '자기소개서 괴담'이 있을 정도다. 물론 나도 감히 써본 적 없었다. 하지만 정신분석학자 아들러에 따르면, 몇 째로 태어났는지인 출생 순서가 그 사람의 성격과 성향, 나아가 인생에 영향을 미친다고 했다.

그러니 나를 소개하는 데 가족 구성을 이야기하는 유혹을 떨쳐내기 어려운 것도 사실이다.

나는 딸-딸-아들로 이어지는 삼 남매 중 둘째 딸이다. 요즘에는 접하기 힘든 다둥이 구성이긴 하지만 〈응답하라 1988〉의 덕선이 롤이라고 이야기하면 좀 와닿으실지. 뭘 해도 번듯하게 잘 해내는 자랑스러운 장녀 보라와 아들로 태어난 것만으로 할 일은 다 했다고 여겨지는, 존재 자체로 성공을 이룬 막내아들 노을이. 그 사이에 낀 '그냥' 덕선이가 나다.

어지간한 부잣집이 아니고서야 둘째는 그냥 휘뚜루마뚜루로 큰다. 언니 생일을 축하하는 김에 내 생일도 같이 축하하고, 언니 옷을 물려 입고, 동생이 자전거를 샀을 때 그 자전거를 같이 탔다. 나에게 '딱 맞는' 내 것은 사치, 모든 게 늘 조금 크거나 약간 작았다. 색깔은 언제나 '노랑'이었다. 언니가 먼저 핑크를 고르고 나면 언니의 2지망인 노랑이 나에게 왔기 때문이다. 그것은 때로는 하늘색이거나 보라색이기도 했다. 3~5세의 어린 소녀들에게는 오로지 핑크만이 중요하므로, 그것이 노란색이건 하늘색이건 간에 나에게는 그냥 '핑크가 아닌' 색이었다.

"왜 나만 덕선인데, 왜 나만 덕선이냐구!" 울고불고하던 덕선이의 급발진에는 '보라'나 '노을'처럼 당연한 내 몫을 타고나지 못했다는 울분이 담겨 있다. 그걸 바라보던 벙찐 가족들의 얼굴을 나도 많이 보았다. 내가 원하는 걸 이야기하면 '갑자기 왜 그래?' 하는 그 표정. 둘째들의 단념과 체념은 태어나자마자 장착된 데다 너무 일상적이고 다발적이라 본인조차 자각하기가 힘들어 주변인들이 모르는 것은 어찌 보면 당연하다. 오죽했으면 어렸을 때부터 천 번은 넘게 들었던 말이 이거였다. "민지는 참 착해." 눈치가 빤한 둘째들은 투정을 부리거나 당당하게 내 것을 주장하기보다는, 말 잘 듣는 착한 어린이가 되기를 선택하기 때문이다.

이쯤 되면 첫째들도 할 말이 많을 것이다. 어디 첫째는 쉬운 줄 아나? 동생이 태어나면서 내 몫을 빼앗기는 기분은 어떤데. 귀에 딱지가 앉을 정도로 듣는

"동생들 챙겼니?" 소리에다, 물건도 아닌데 어릴 때부터 '살림 밑천'이라는 말을 듣고 자라 울분의 K-장녀가 되고 마는 거라고. 게다가 첫째 아이에게 거는 부모의 기대는 또 얼마나 압도적인가. '완벽한', '흠결 없는', '정상'을 향한 부모의 욕구가 대부분 첫째에게 퍼부어지는 건 뭐 그리 공정하다고.

그럼 또 막내도 가만히 있을 수 없다. 내가 막내로 태어나고 싶어서 태어난 것도 아닌데, 형한테는 두들겨 맞고, 언니 오빠 누나의 심부름꾼 역할에 뭘 해도 존중받기 힘든 막내의 설움을 알아?

외동은 또 만물 외동설이라고, 작은 흠만 드러나도 '외동이라 그렇구나~' 소리를 들으니 얼마나 나름의 설움이 많을 것인가. 저마다 설움을 타고났으니 "이건 너무 불공평해!" 하고 외치고 싶은 마음만은 같을 것이다.

그 때문에 첫째도 둘째도 셋째도 있는 우리 가족이 모이면 그게 생일날이든 명절이든 으레 결국 각자의 설움을 성토하는 자리로 변질되곤 했다. "왜 나만 안 해줬어?", "나도 힘들었거든", "누나들이 내 마음을 알아?" 그간 쌓인 억울함에 목소리가 커지고 마는 것이다. 그런데 지금의 나는 누가 더 억울한지, 제일 힘들었는지가 아니라, 그때 우리 엄마 아빠가 뭐라고 말했는지가 궁금하다. 그러니까 어느새 부모가 된 죄로, 내가 바로 그 '몰이'를 당하는 입장이 되어버린 거다. 벌써 내가 낳은 애들이 머리가 굵어져서 연우는 "엄마, 왜 나를 먼저 낳았어!"라고 하고, 선우가 "내가 제일 작은 건 부당해!"라고 말하기 시작했다. 맙소사.

'낳아진' 입장과 마찬가지로 '낳은' 입장도 그게 내 뜻대로 되는 게 아니라, 나도 억울하다고 소리치고 싶은 마음이 굴뚝같다. 그래도 여기선 내가 어른이니 애써 참으며 "열 손가락 깨물면 똑같이 아픈 거란다"라고 말했더니 연우가 "아닌데, 나는 검지가 더 아픈데" 하고, 선우는 "아니거든. 엄지가 더 커서 더 아픈 거야" 한다. 하, 그냥 좀 대충 알아들었으면 좋겠지만 사실 과학적으로도 열 손가락이 느끼는 통증의 정도는 다른 게 맞다고 하니, 어떻게 이야기해 줘야 할까. 너희가 비록 똑같은 모습으로 똑같은 것을 지니고 태어나진 않았어도, 각자 필요한 걸 나름대로 잘 가지고 이 세상에 왔다고, 엄마는 할 일을 다 했다는 걸 말이다.

원래 잘 안 먹는 애는 잘 자기라도 하고, 재우기 어려운 애는 잘 먹기라도 한다는데. 우리 첫째 딸 연우는 기특하게도 재우기도 어렵고 먹이기도 어려웠다. 하지만 그땐 남편이 거의 백수였던 덕분에 우리 부부가 풀타임으로 매달려 하나부터 열까지 맞춰줄 수 있었다. 공갈 젖꼭지도 애착 인형도 없이 옆에 딱 붙어서 수유를 16개월 동안 했으니 말이다. 아이 하나로도 이렇게 바쁘고 힘이 드는데 둘째를 낳을 수 있을까 싶던 마음이 무색하게도, 우리가 두 번째로 낳은 아이 선우는 세상 편안한 성격을 가지고 태어났다. 덜 예민해 울음이 짧고 방긋방긋 웃음이 많은 아이로 컸다. 나는 그 두 아이를 보면서 사람은 같은 상황이 아니더라도 각자가 받을 몫의 사랑을 확보해 놓고 세상에 나오는구나 하고 느꼈다. 연우는 우는 모습이 안쓰러워 많이 안아주었고 선우는 웃는 모습이 귀여워 자주 안아주었으니까. 연우와 선우가 타고난 것과 아이들이 엄마, 아빠를 비롯한 세상으로부터 받는 것들을 종합해 보면, 그 몫이 완전히 균등하지는 않아도 얼추 공평한 것 같기는 하다.

이것은 아이들에게 말하면서 동시에 스스로에게 하는 말이기도 하였다. 그래, 그러고 보니 내가 둘째로 태어났어도 나에게 꼭 필요한 건 골고루 다 가졌지. 자라며 보고 배울 언니도 있고 부려 먹을 동생도 있고. 눈치 빠르고 주변에 잘 맞추는 덕에 친구도 많았다. 엄마 아빠가 언니랑 동생한테 신경 쓰는 틈에 학원도 땡땡이치고 몰래 놀기도 좋았지. 그러면서도 내 것을 잘 챙기는 면이 있고 생활력도 있어서 제일 먼저 직장도 다니기 시작했잖아. 덕선이처럼.

엄지손가락이 아프네 새끼손가락이 아프네 하는 아이들을 끌어안고 이야기해 주었다. 얘들아, 봄에 피는 꽃이 영양분 가득한 흙과 따스한 날씨를 타고나 정말 좋을 것 같지, 하지만 얼마나 경쟁이 치열하니. 수많은 봄꽃들이 서로 벌이랑 나비의 선택을 받겠다고 애써야 하잖아. 여름은 햇볕이 충분하지만 너무 햇볕을 많이 받아 오히려 이파리가 상해버리기도 하지. 가을꽃은 정말 좋은 날씨에 피지만 너무 짧게 피니 아쉽고. 겨울의 동백꽃을 봐, 환경이 척박한 대신 강인하고 그만큼 더 아름답지. 어느 하나 완벽한 게 없지만 그렇다고 그것들을 꽃이 아니라고 하겠니, 아름답지 않다고 하겠니. 언제 태어나도 어떻게 태어나도 그냥 그대로 꽃인 거야. 있는 그대로 아름다운 거야. 첫째는 첫 번째라 좋고, 둘째는 두 번째라 좋은 거야.

어째 긴 이야기를 얌전히 듣고 있기에 좀 알아듣나 싶었는데, 이내 "아니야, 그래도 나는 해바라기가 좋아", "나는 늦게 태어나는 동백꽃이 좋아" 하고 있다. 에라이, 이럴 땐 그냥 이렇게 말하고 마는 거다.

"하여튼 그런 게 있어! 너네가 부모가 돼봐!"

언니는

나의 힘

나보다 두 살이 많은 그녀는 내가 태어났을 때부터 이 세상에 있었다. 우리는 당연하게 한편을 먹고, 같이 말썽을 피우고, 똑같이 혼났다. 막내 성윤이가 태어나고 바빠진 엄마의 눈을 피해 자매는 더욱 대담한 짓들을 했다. 보행기를 탈취한 뒤 사이좋게 다리 한 짝씩을 나눠 넣고 질주한다거나, 바닥을 물바다로 만들어 엄청 맞기도 했고, 몰래 만화책을 숨겨 놓고 보다가 뺏기는 게 우리의 일이었다. 언니는 항상 테리우스처럼 흑발을 한 주인공을 멋있다고 했고 나는 앤서니 같은 금발의 서브 남주를 좋아하는 점만은 달랐지만, 우리는 그런 이야기로 밤새 떠들며 한 이불을 덮고 잠들었고 화장실도 매번 같이 갔다. 엄마와 아빠가 들려주는 나의 어린 시절은 그저 금붕어 똥처럼 언니만 졸졸 쫓아다녔다는 게 전부다. 하루 종일 언니 얼굴만 쳐다보고 있다가 언니가 웃으면 따라서 히히 웃고 언니가 울면 영문을 몰라도 따라 울었단다. 엄마가 일을 시작하면서 부재하거나 뒷모습을 보여주는 시간이 늘어나면서, 나에겐 언니가 엄마이자 친구이자 세상이었다.

언니는 항상 동생을 달고 다니는 애였다. 다섯 살쯤부터 열두세 살을 넘긴 사춘기 초입까지 나를 데리고 육교를 건너서 학교에 다녔다. 막냇동생 성윤이가 유치원을 졸업하고는 그마저도 둘로 늘었다. 어딜 가나 "언니, 언니", "누나, 누나" 하는 동생들이 따라다니는 여자아이가 또래 친구들에게 환영받긴 아무래도 어려웠을 것이다. 그때쯤의 여자아이들은 소곤소곤 비밀 이야기를 하기 시작하는 나이니까. 그래도 언니는 항상 꿋꿋하게 우리를 달고 보미 언니네에도 가고 놀이터도 가고 롤러스케이트도 타고 그랬다.

살벌하게 싸우는 자매도 있다던데 우리는 그런 대등한 관계가 아니었다. 그녀는 우리 편의 리더이자 나의 보호자였다. 나는 무슨 일이 생기면 모든 얘기를 언니에게 다 했다. 그러면 언니는 늘 명쾌하게 답을 내려주었고 그 말을 들으면 바로 안심이 되었다. 대개 무작정 내 편을 들어주는 식이었으니까. 친구랑 싸운 얘기를 내가 잘못한 부분만 쏙 빼놓고 해도 "뭐 그런 애가 다 있냐"라며 내 편을 들어주고, 내가 좋아하는 남자애가 생겼을 땐 무조건 그 애도 나를 좋아하는 것 같다고 해줬다.

한번은 외할아버지가 돌아가시고 내가 할아버지께 잘못했던 일이 떠올라 엄청 울었는데, 언니는 "걱정 마, 할아버지는 그런 거 가지고 안 서운해하셔" 하고 단호하게 말했다. "그걸 언니가 어떻게 알아아~"

하며 울면서도 속으로는 '그러고 보니 할아버지가 돌아가시기 전에 내 손을 꽉 잡으셨지, 편지에도 내 이름을 크게 써주셨고. 날 미워했으면 안 그러셨겠지'라는 생각이 들었다. 언니 말을 듣다 보면 모든 것이 정말 그럴 것 같았다. 세상의 그 어떤 험한 것도 언니라는 필터를 거치면 몽당연필처럼 쇄미해졌다. 두려움과 슬픔, 괴로움와 실패, 그리고 사춘기. 사람들이 사납다고 하는 그 모든 것이.

언니는 언제부터 집을 떠나고 싶었던 걸까. 대학에 가자마자 영어 공부를 열심히 하던 언니는 겁도 없이 미국으로 교환 학생을 다녀오더니 결국엔 유학길에 올랐다. 처음 혼자 자는 방은 무척 쓸쓸했으나 금세 익숙해졌다. 나도 대학에 들어가면서 바빠지기도 했고, 방학 때 언니가 들어와 알려주는 미국의 패션, 유행하는 드라마, 화장품과 간식들은 나를 늘 들뜨게 했기 때문이다. 얼마 후 언니가 미국에서 만난 형부와 결혼하고 아예 거기서 산다고 했을 때도 한동안은 괜찮았다. 그러나 방학이 되어도 언니가 오지 않고 첫째 조카 우빈이가 자라는 모습을 좀처럼 볼 수 없자 나는 뒤늦게 깨달았다. 그것은 우리 팀의 해체였다. 엄마보다 엄마 같고 친구보다 친구 같던 유일하고 특별한 관계의 붕괴. 쓸데없는 이야기를 하며 웃고, 어울리는 옷을 골라주고, 눈만 마주쳐도 뭐 맛있는 거 없을까 먹을 궁리를 하고, 배가 부르다며 동네를 걷다가도 아이스크림을 사 먹는 그런 날들의 종말. 이제 우리는 그렇게 할 수 없었다.

휴가를 내어 언니가 살고 있는 보스턴에 놀러 가면서 나는 마음을 단단히 먹고 있었다. 나와의 즐거운 시간을 다시 떠올리게 해주겠다고, 형부와 조카를 데리고 한국으로 돌아오지 않고는 못 배기게 해주겠다고 다짐했다. 그러나 보스턴에서 만난 언니는 내가 알던 언니가 아니었다. 그녀는 변해 있었다. 언니는 아빠가 준 카드로 쇼핑을 갈 마음도 없어 보였고 사지도 않을 물건을 구경하는 일도 더 이상 하고 싶어하지 않았다. 연예인 얘기도, 누군가를 뒷담화하면서 저주를 퍼붓는 것도 흥미 없어 보였다. 자꾸 "그 사람 입장에서는 그럴 수 있지", "이해하려고 노력해 봐" 같은 재미없는 얘기를 하며 예전처럼 내 편을 들지 않았다.

 대신에 언니는 우빈이를 위해서는 무엇이든 할 수 있다고 했다. 우빈이를 낳고 사랑이 무엇인지 알 것 같다며, 전에 했던 '사랑'이란 말을 모두 수거하고 싶다고 했다. 언니는 '엄마'가 되어 있었다. 우리 언니가 왜 이렇게 되었냐고 형부를 원망하고 싶었다. 하지만 아이를 돌보느라 핼쑥하고 까칠해진 두 사람을 바라보면서 이제 언니와의 한통속은 내가 아니라는 사실을 인정해야 했다. 지금의 언니를 행복하게 해줄 수 있는 사람은 내가 아니라 형부였다. 우리 집의 장녀이자 나의 언니였던 그녀에겐 이제 더 중요한 것들이 있었다.

 서로 바쁘기도 바빴던 우리는 예전처럼 자주 연락할 수 없었고 그사이에 언니는 아이 둘의 엄마가 되었다. 나도 언니처럼 결혼을 하고 남편과 새로이 팀을 꾸렸다. 그렇게 결혼을 하고 나서 아이를 낳았다.

나 역시 엄마가 되고 아이를 위해 무엇이든 할 수 있다는 것이 무슨 의미인지 알게 되었다. 세상에 다른 차원의 사랑이 있다는 것도. 하지만 동시에 아이를 키우다 보면 찾아오는 특별히 힘든 밤들로 인해 매우 지쳐 있었다. 머릿속이 온통 힘들다는 생각으로 가득 찼지만 그런 이야기를 함부로 꺼내면 안 되었다. 나는 엄마니까. 세상에서는 그것들이 모두 엄마인 내 잘못이라고 여기기 때문이다. 엄마가 옷을 얇게 입혀서 혹은 너무 두껍게 입혀서, 분유를 먹여서 혹은 모유 수유를 오래 해서, 너무 많이 안아줘서 아니면 너무 안 안아줘서. 문득 거울을 보자 익숙한 얼굴이 있었다. 지친 눈동자의 힘 없는 얼굴, 그건 보스턴에서 본 적이 있는 언니의 얼굴이었다.

그날도 눈을 뜬 건지 감은 건지 모르는 채로 수유를 하는데 언니한테 연락이 왔다. "힘들지. 연우는 잘 자?" "아니, 30분마다 깨. 그냥 뛰어내리고 싶어." 말하고도 뜨끔했다. 엄마는 이런 말을 하면 안 되니까. 그러자 언니가 호탕하게 웃었다. "푸하하. 알지 알지.

걱정 마, 괜찮아. 그때는 원래 다 그래." "원래 다 그렇다고?" "응, 다 그래." "언니도 그랬어?" "당연하지. 근데 그거 다 지나가. 그리고 곧 그때를 너무너무 그리워하게 될 거야."

도저히 믿기지 않으면서도 나는 빽빽 우는 연우를 보며 또 '그런가' 하고 수긍해 버렸다. 언니의 말이 틀린 적도 많았는데, 나는 언니가 말하면 들을 수밖에 없다. 울음을 그치지 않는 아기와 무력한 나를 견디는 시간, 그 답이 없는 막막함도 언니랑 이야기하고 나니 이내 사소해졌다. 불안도 걱정도 자괴감도. 그리고 언니 말이 맞았다. 그 시간은 고여 있지도 영원하지도 않아서 어김없이 착실하게 흘러갔다. 그리고 지금의 나는 그때의 사진을 보고 또 보며 몹시도 그리워한다. 단 하루라도 그때로 돌아갈 수 있다면, 기절하도록 우는 고 작은 몸을 아주 행복하게 끌어안을 텐데. 궁금해진다. 언니가 없는 사람들은 어떻게 그런 시간들을 견디는 걸까? 우리 언니는 그날들을 어떻게 보냈을까.

얼마 전 언니네 가족과 다 함께 크리스마스를 보냈다. 이제 얼추 커서 자기들끼리도 신나게 노는 아이들을 두고 언니랑 나는 옛날로 돌아간 것처럼 백화점에 가고 간식을 사고 커피를 마시며 이런저런 얘기를 했다. 원래도 끝이 없는 대화에 형부와 남편까지 더해져 더 많은 이야깃거리가 있었다. 많이 웃고 늘 그렇듯 눈물을 찔끔거리기도 했다.

언니와 나는 여전히 내 옷, 네 옷 할 것 없이 옷을 같이 입고, 매일 뭘 먹을지를 고민하면서 너무 많이 먹었다고 투덜댔다. 언니가 바라는 것을 나도 간절히 바라고, 나의 소원을 언니도 함께 기도한다. 그 순간에, 나는 우리가 어쩌면 늘 같은 모습이었을 수도 있겠다고 생각했다. 변한 것이 아니라 단지 조금 성장한 것뿐인지도 모른다고. 우리가 모르는 사이 약간 더 용감해지고 강해져 이제는 주변을 둘러보고 약한 것을 돌볼 줄 알게 된 것뿐이라고.

나는 아직도 언니보다 모르는 게 많지만 한 가지는 확실히 알고 있다. 우리는 언제나 한통속이다. 일 년에 한 번을 본다고 해도, 시차가 달라 전화를 자주 할 수 없다고 해도 괜찮다. 언니가 어떤 모습을 하고 있든, 무엇을 얻고 잃든 언니가 나를 잃을 일은 없을 것이다. 반대로 내가 지극히 초라하고, 두 손에 가진 것이 하나도 없어도 언니가 내 편이 되어줄 것 역시 확실히 알고 있다. 언니는 언제나, 처음부터 그랬기 때문이다.

온 힘으로 지어낸

엄마의 자리

 우리 엄마는 부끄러움이 많은 사람이다. 얼마 전 전시 오프닝에서 입을 옷을 고민하길래 내 샤넬 원피스를 빌려주겠다고 했다. 금장 단추가 달린 심플하면서 우아한 멋이 있는 블랙 드레스. 배우 윤여정 님께서 아카데미 시상식에 참석했을 때 입었던 거라고 했더니 깜짝 놀라 손사래를 친다. 됐다고 됐다고. 윤여정 씨가 입은 드레스를 자기가 어떻게 입느냐며 부끄러워서 못 입겠다고 한다.

옛날엔 주변에서 누가 '작가님' 하고 부르면 그게 그렇게 부끄러웠다고 한다. 그럴싸한 아틀리에도 아닌, 우리가 사는 아파트 앞 '뼈다귀 감자탕' 위층의 작은 작업실에서 아이를 안고 업고 그림을 그리는 일이 작가라 불릴 게 아닌 것 같아서. 새벽같이 일어나 아침밥을 차리고 "한입만 더 먹어라" 하며 맨발로 엘리베이터까지 나와 기어이 김에 싼 밥을 자식들 입에 넣어주고, 눈 흘기며 짜증 내는 딸내미 목에 목도리를 감아주면서, 엄마로만 살아도 바쁜 주제에 아이들이 잠든 밤이면 도둑고양이처럼 조용히 꿈을 좇고 그림을 그리는 일이 염치가 없어서.

엄마는 귀하게 자란 부잣집 외동딸이었다. 학창 시절 내내 '아가씨'라고 부르며 통학을 시켜주는 기사님이 계셨고, 그 먹고살기 어렵던 시절에 일본에서만 나던 귤, 물 건너온 바나나 같은 값비싼 과일들을 쌓아놓고 물릴 때까지 먹었다. 딸이라면 끔찍하게 아꼈던 외할아버지는 "명희 네가 하고 싶은 일은 다 하고 살아라" 하며 키우셨다. 전쟁에 노이로제가 있는 외할머니는 행여나 귀한 딸을 잃을까 대학도 강 건너지 말고 다니라 하셨다고 한다.

  명동에 있는 양장점에서만 옷을 맞춰 입던 엄마는 가진 게 없던 법대생을 만나 결혼하게 된다. 미제 오븐을 포함해 값비싼 혼수를 해서 시집에 들어간 것이 스물여섯 살이었다. 탐스러운 볼을 가진 스물여섯의 여자는 과자 굽는 냄새로 가득 찬 달콤한 신혼 생활을 꿈꿨을까. 그런 엄마에게 엄격한 안동 김씨 교육자 집안의 시집살이는 너무나 매운 것이었다. 남편은 성실하고 착했으나 경제력이 없는 고시생이었다. 임신한 몸으로 시부모님 밥상을 차리고도 무 조각이 작다 크다 하며 혼이 났고, 밤중에 자다가도 연탄을 갈러 나와 꽁꽁 언 손으로 눌어붙은 연탄재를 털었다. 오븐은 한 번도 써보지 못하고 버렸다.

  점점 말라가는 딸에게 전복이니 갈비니 하는 것들을 싸다가 몰래 가져다주고 돌아서는 외할머니의 뒷모습을 보면서 엄마는 한없이 눈물이 났다. "엄마 춥지, 집에 들어와서 앉았다 가" 한마디를 못하는 자신의 처지가 구슬펐다. 앙상한 팔목을 가진 임신한 딸에게 음식을 건네주면서도 그게 전부 당신의 딸 입으로 들어가 배불리 먹기를 바라는 마음이 욕심은 아닐까 생각하면서, 사위 흉 사돈 흉 한마디 하지 못한 채 돌아섰을 외할머니의 마음을 떠올려 본다. 유난히 추웠던 그해 겨울날에 자꾸만 뒤를 돌아보는 딸과 얼른 가라고 손짓하는 엄마의 모습을 그려본다. 아마 외할머니도 눈물이 났을 것이다.

매일이 슬펐던 엄마를 구해준 것은 엄마의 꿈이었다. 그림을 그리는 행위만이 엄마를 오명희로 남아 있을 수 있게 해주었다. 그 꿈을 꼭 붙들고 엄마는 세상으로 도망을 나왔다. 외가댁 가까이로 이사 와서 외할머니 도움을 받으며 세 아이를 길러내면서 엄마의 꿈도 같이 자라났다. 그림을 그리고 작품을 모으고 대학에 강의를 나가고 전시를 했다. 상을 받고 신문에 나고 해외에서 전시를 하며 바빠진 것이 그쯤부터다.

결코 값이 싸지 않은 꿈을 넘본 대가로 엄마는 늘 바쁘게 허덕이며 살았다. 엄마에게 꿈을 향한 열정은 염치없는 것이었다. 아빠가 판사로 임관했으나 녹록지 않은 공무원 월급을 가지고 알뜰하게 살아야 했고 친정의 도움을 받기도 부끄럽고 미안했다. 시간에 쫓기고 돈에 치이며 몇 걸음 거리도 걷는 법 없이 늘 종종걸음으로 뛰어다녔다. 셋이나 되는 아이들은 엄마의 꿈을 질투했다. 우리는 자꾸 아프고 말썽을 피우고 엄마가 보고 싶다며 전화를 해서 빨리 오라고 재촉했다. 시시때때로 엄마에게 꿈꾼 값을 내놓으라고 독촉했다. 그때 엄마의 나이가 고작 지금의 내 나이쯤 된다. 엄마가 늘 지쳐 피곤한 얼굴이었던 것을 기억한다. 그리고 이제는 이해한다.

　　엄마는 젊은 날을 그리워하지 않는다. 아이 셋이 다 자라 더 이상 엄마를 빚쟁이 취급하지 않고, 두 시간씩 걸려 출퇴근하던 학교에서는 학장을 지내 은퇴하고, 해가 드는 작업실에서 그림을 그리는 지금이 가장 호사스럽다고 한다. 저녁을 먹고 아빠와 손을 잡고 석

촌호수를 산책하면서, 가끔은 설악산에 가고 강을 보러 다니는 평온한 날들이 조금만 더 일찍 찾아왔더라면 어땠을까. 다 부서진 연탄재 같던 엄마에게 온 꿈은, 엄마가 행복했다면 찾아오지 않았을까. 엄마가 조금 더 행복했다면 엄마의 작품은 지금보다 덜 아름다웠을까.

엄마가 젊은 날을 그리워하지 않아도 나는 가끔 그때의 엄마 모습을 그려본다. "엄마, 엄마들은 급하면 초인적인 힘이 나와서 트럭도 들고 한다던데, 엄마는 왜 운동회도 못 와?" 하고 엄마의 사랑이 마뜩잖던 나의 어린 날의 엄마를. 세상 사람 모두에게 너그러운 '꿈을 가지라'는 말이 엄마에게만 야멸차게 제값을 죗값으로 받아가던 날들을. 자식들은 왜 엄마의 마음 같은 건 알아채지 못하는 걸까. 왜 이런 건 시간이 지나야만 알게 되는 걸까.

누군가가 "어쩜 아이들을 이렇게 잘 키우셨어요" 하면 엄마는 못 들을 말이라도 들은 듯 화들짝 놀라 손을 내젓는다. "저는 아무것도 한 게 없어요. 아이들이 알아서 잘 컸어요" 한다. 그때는 그게 정말인 줄 알았다. 내가 스스로 잘한 줄 알았다. 알아서 자란 줄 알았다. 엄마처럼 하는 게 아무렇지 않은 건 줄 알았다. 엄마가 그림을 쉽게 그리는 줄 알았다.

그러나 지금은 안다. 엄마는 트럭을 들어 올리듯이 매일을 살아냈다는 걸. 그 매일이 구멍이 숭숭 뚫렸을지언정, 그것은 엄마가 온 힘으로 지어낸 사랑의 둥지라 충분히 안온했다는 걸. 그리고 그 모든 것들은 절대로 엄마의 잘못이 아니라는 것을.

진짜 사랑의

모습

 우리 엄마는 아빠에게 민낯을 잘 보여주지 않는다. 아빠가 잘 준비를 마치고 방 안이 충분히 컴컴해지면 그제야 엄마가 세수를 하는 모습을 나는 어렸을 때부터 봐왔다. 엄마는 화장 없이도 여전히 아름답기 때문에 어렸을 땐 엄마가 왜 민낯을 부끄러워하는지가 늘 의문이었다. 그뿐만 아니라 엄마는 가족과 같이 있을 때는 방귀를 뀌지 않는다. 안방 화장실을 요새 삼아

생리 현상을 해결하고 부끄러운 얼굴을 한 채 나온다. 삼 남매를 임신하여 낳고 기르면서 그게 어떻게 가능했는지 모르겠다.

  사실 이런 엄마의 노력이 새삼스럽지도 않은 것이, 여전히 TV에서 결혼 생활에 대한 이야기가 나오면 으레 진행자들이 짚고 넘어가는 질문이 그것이기 때문이다. "두 분 생리 현상은 트셨나요?" 그리고 방귀를 트지 않기 위해 노력한다는 연예인에게 대단하다며 박수를 쳐준다. 마치 방귀를 텄는지 안 텄는지가 사랑을 유지하는 데 결정적인 역할을 하는 것처럼, 그녀의 방귀를 참는 노력이 사랑을 수호해 낸 것처럼 말이다. 우리 엄마는 평생 아름다움과 건강을 유지하기 위해 쉬지 않고 노력해 온 부지런한 사람인데다, 전 세계에 작품을 전시하고 30년간 교수로 재직하며 학장까지 지냈으니 엄마는 내가 아무리 애써도 흉내도 못 낼 환상적인 여성이다. 그런데도 엄마는 여성이 사랑과 그 사랑을 위한 환상을 유지하려면 더 많은 노력을 해야 한다고 생각한다. 정작 아빠는 우리가 판다라고 별명을 붙였을 만큼 둔한 편으로, 그다지 환상을 중요하게 여기는 사람처럼 보이지 않지만. 설령 아빠가 환갑이 지나도록 방귀 없는 여자에 대한 환상을 가지고 있다고 해도 그게 엄마의 책임은 아닌데도 말이다. 그런 아빠와 사는 50년의 세월 동안 있는지 없는지도 모를 환상을 유지시키기 위해 필사적으로 방귀를 참아온 엄마를 생각하면 엄마의 삶이 무척 가여워진다. 콜롬비아에선 방귀를 참다가 사망한 경우도 있었다고 하니 엄마가 평생을 좋지 않은 위장과 싸워온 이유 중 하나는 가스, 독소의 배출이 원활하지 않아서일 수도 있다고 나는 진지하게 주장하고 있다.

 한편 우리 언니 부부는 더욱 기이하다. 형부가 언니의 방귀 존재 자체에 대해 강력히 부정하고 있기 때문이다. 언니는 절대로 방귀를 뀌지 않는다고 믿는 것이다. 형부는 이성적이라고 알려진 이과 출신에 미국 항공 우주국에서 근무하는, 소위 말하는 엘리트임에도 불구하고 주장을 굽히지 않는다. 언니도 인간이므로 과연 음식물이 소화 기관을 거쳐 부패하며 가스가 차는 일련의 과정은 겪겠으나, 본인이나 처제가 뀌는 것과 같은 비위생적인 방귀는 아니라고 말한다. 분명 언니는 형부 앞에서 방귀를 뀌는데, 형부는 언니의 방귀 소리를 들은 적도 냄새를 맡은 적도 없다고 한다. 그게 도대체 말인지 방귀인지. 사랑을 유지하기 위해 스스로도 속이고 마는 형부의 메소드급 연기가 놀랍지만, 적어도 이 부부의 사랑과 더불어 (언니는 엄마처럼 방귀를 참지 않으므로) 언니의 장 건강은 염려하지 않아도 된다는 것은 다행이라 할 것이다.

생리 현상과 관련해서는 우리 부부의 경우가 가장 바람직하다고 자부한다. 나는 첫째를 임신했을 때 방귀를 뀌기 시작했다. 타인 앞에서 방귀를 뀌는 것이 예의는 아니라고 생각하지만, 당시 반은 백수였던 우리는 24시간 붙어 있는 날들이 많았고, 아담한 신혼집엔 생리 현상을 해결할 사각지대가 없었다. 더군다나 임신을 하면 가스가 자주 차는데 뱃속에 공간이 없으니 더 자주 뀌게 된다. 처음에 소리가 났을 땐 당황해서 얼굴이 빨개지기도 했으나 억지로 참기엔 너무나 괴롭다는 것을 경험하고 나서는, 방귀를 참느니 차라리 배를 째라는 식으로 그냥 뀌게 되었다.

우리가 한국에 와서 친정집에 머물 때도 나는 방귀를 뀐다. 그러면 엄마가 화들짝 놀라며 얼굴이 새빨개진 채로 "어머, 얘!" 하며 나무란다. 그러고는 남편에게 "어머, 박 서방 미안해"라고 한다. 왜 내가 방귀를 뀌었는데 엄마가 사과하는지 잘 모르겠다. 되레 남편은 내가 방귀를 뀌면 나를 보고 늘 웃어주는데 말이다. 그리고 그럴 때면 나는 무척이나 안정감을 느끼고, 어느 때보다 우리의 사랑이 굳건하다는 믿음이 차오른다. 좋은 선물이나 달콤한 표현에서 사랑을 느끼는 사람도 있겠지만, 나에게 사랑이 전해지는 순간은 말하자면 방귀를 뀌는 순간이다. 방귀 소리에 우리 중 누구도 얼굴을 붉히지 않고 서로 놀릴 생각에 웃음을 지을 때, 나는 이번 생에서 더 바랄 사랑이란 없다고 생각한다.

영화 〈클로저〉에서 나탈리 포트만이 그 아름다운

얼굴에 눈물을 가득 매단 채 "사랑? 그게 뭔데, 보여 줘 봐. 어떻게 알 수 있는데?"라고 리즈 시절의 주드로에게 소리치는 장면이 떠오른다. 나는 자신 있게 말할 수 있다. 그것은 아무리 추하고 부끄러운 것일지라도, 어찌할 수 없이 나의 일부인 것을 상대에게 드러냈을 때 비로소 확실하게 알 수 있다. 이를테면 방귀 같은 것 말이다. 그래서 나는 방귀를 이겨낸 사랑은 많은 것을 이겨낼 수 있다고 믿는다.

엄마가 되는 것,

바다가 되는 것

결혼 후 나간 첫 방송이었다. 나와 남편을 소개해 준 장본인이자 친오빠처럼 여기는 배성재 선배가 진행하는 라디오였지만 몇 년간 방송 출연을 전혀 하지 않았던 터라 나는 퍽 긴장해 있었다. 그때 이런저런 질문에 답을 하던 중 "자신만의 '부심'이 있다면 무엇인가요?"라는 질문을 받았다. 나의 무엇에 대해 자부심을 느끼냐는 말이었다. 의외의 곳에서 말문이 막혀마가 뜨고('오디오에 빈 공간이 있다'는 뜻의 방송가 은어) 말았다. 5초 이상 침묵이 이어지면 방송 사고로 여겨지기 때문에 무슨 말이라도 해야 한다는 것을 알면서도 생각이 번뜩 떠오르지 않았다. 그 짧은 순간에 내가 살아온 인생이 머릿속에 빠르게 지나갔다. 아, 이게 주마등인가.

자랑스러웠던 일이야 없지 않았다. 모의고사에서 처음 전교 일등을 했을 때 짜릿했고, 전액 장학금을 받고 대학에 입학했을 때는 정말 뿌듯했다. 지난한 백수 생활을 이겨내고 엄청난 경쟁률을 뚫고 방송사에 입사했을 때도 자신감이 충만했고 무지하게 자랑스러웠지. 그런데 이런 경험들에 자부심까지 느끼냐 하면 영 자신이 없었다. 자부심이란 자신, 또는 자기와 관련돼 있는 것에 대해서 스스로 그 가치나 능력을 믿고 당당히 여기는 마음을 의미하는데, 사실 전교 일등이야 학교마다 매년 나오는 거고, 장학금 받는 입학생은 전국에 또 얼마나 많겠나 하는 생각이 드는 거다. 방송사 입사가 대단하다 해도 3년 만에 그만두었으니

도무지 내 인생은 자부심이라는 고결한 감정과는 거리가 멀게만 느껴졌다.

그렇게 내 인생을 빠르게 훑던 주마등이 어느 지점에서 갑자기 멈춰 섰다. 그 순간 떠오른 건 연우랑 선우, 내가 낳은 딸과 아들의 웃는 얼굴이었다. 품에 그 애들을 가득 안고 느꼈던 넘치는 감정. 따뜻한 두 몸뚱이를 끌어안고 서로 얼굴을 비벼대면서 태어나 처음 느껴보는, 마치 내가 거대한 바다가 된 것 같은 느낌. 그때 속으로 '아, 나는 이렇게 되기 위해 태어났나 보다' 했었지. 그것이 떠오른 순간에 주저하고 망설일 것도 없이 바로 대답이 입으로 튀어나왔다. "제가 엄마라는 거요."

그러고 나서 방송을 마치고도 한동안 얼떨떨했다. 내가 그렇게 생각하고 있는지는 나도 몰랐기 때문이다. '어머니는 위대하다.' 이런 류의 말 말고, 한 인간이 스스로를 버리고 희생하면서 늙어가는 것에 대한 위로로써 던져주는 레토릭이 아니라, 정말로 나는 나 자신에 대해 전에 없이 자부심을 느끼고 있었다.

워싱턴 D.C.에서 산모와 소아의 정신 건강을 전문으로 하는 심리 치료사인 루시 아빗에 따르면, 엄마가 되는 것이 심리적인 이점이 많다고 한다. "많은 엄마들에게 육아는 인생의 분수령이 되는 순간이다. 아기를 갖는 일은 사람마다 다른 방식으로 영향을 미치며, 그 변화가 반드시 긍정적인 것만은 아니지만, 부모들은 대개 이 과정을 통해 깊은 성취감을 경험한다." 또한 최근에 밝혀진 연구 결과에 따르면 아이를 가진 여성들은 특정 영역, 특히 동기 부여, 보상 및 감정 처리, 추론 및 판단과 관련된 영역의 뇌가 더 커진다고 한다. 실제로 많은 사람들이 아이를 낳은 후 창의성, 수평적 사고, 더 높은 감성 지능, 더 많은 체력을 얻었고 효율성이 향상되었다고 고백하기도 한다. 그러니까 내가 '더 나은' 인간이 되었다고 느끼는 것은 착각이 아니다.

물론 냉장고에 휴대 전화를 넣어놓고 하루 종일 찾는다든지, 둘밖에 안 되는 아이들 이름을 바꿔 부른다든지 하는 일은 하루에도 수차례 일어난다. 그뿐이랴,

슬라임도 아닌데 끝도 없이 늘어나는 살들과 조금 과장하면 몇 가닥 남지 않은 머리카락까지. 도무지 마음에 들 몰골이 아니다. 그런데 이상하다. 내가 전에 없이 마음에 든다니까. 보기 좋은 외모에 대한 강박, 건강한 몸, 예쁜 얼굴에 대한 선망은 살며 절대로 극복할 수 없을 것만 같았는데, 엉망으로 흐트러진 몰골에도 '뭐 어때!' 하게 된다. 내가 뭐 누구 눈에 보기 좋으라고 존재하는 건 아니니까. 당연한 말을 이제야 외치면서.

〈나이트비치〉라는 레이첼 요더의 동명 소설을 영화화한 작품은 이러한 엄마들의 내면을 생생하게 묘사한다. 아티스트였던 여성이 아이를 낳으며 소속되어 있던 갤러리에서 쫓겨나면서 '풀타임 엄마'가 된다. 매일같이 아이와 전쟁을 치르며 인간이기를 포기하고 '동물처럼' 살아가지만, 그 가운데 생생한 기쁨과 가슴 벅찬 행복을 느낀다. 엄마들의 모임에서 서로의 경험을 공유하는 동안, 주인공은 이렇게 말한다.

"혹시 세상이 이런 비밀을 숨기고 있는 것 같지 않아? 우리가 '신'이라는 걸 말이야. 우리는 삶을 창조하고 있어. 사람들이 들으면 기함하겠지만. (임신부인 친구를 바라보며) 지금 너의 모습을 봐, 얼마나 파워풀한지. 지금 우리가 얘기하는 동안에 네 몸속에서 뼈가 자라고 있다니까."

하지만 여전히, 세상은 나에게 부족하다고 말한다. 엄마들에게 분발하라고 다그친다. '경제의 논리'로 우리의 노력을 폄하하거나, '자아실현'에 성공한 여성이 되고 싶지 않냐며 나의 선택을 의심한다. 나 역시 무언가를 열심히 하고, 잘해서 성과를 내고, 누군가로부터 좋은 평가를 받아야 하는 과제가 내 인생을 가득 채우고 있던 날들이 있었다. 그동안 매달리고 매달리면서도 한없이 허덕이고 끝이 없던 날들.

그러나 눈에 보이지 않을 만큼 작았던 존재가 내 뱃속에 생기고 머리와 팔다리가 자라 사람으로 나온 경험. 그리하여 내가 읽는 책을 읽고 내가 한 요리를 먹으며 나에게서 말을 배우고 인간으로 성장해 가는 걸 지켜보는 경험은, 그런 것과는 전혀 다른 차원의 것이다. 하루에 잠도 몇 시간 못 자고 제대로 챙겨 먹지도 못하는데도, 하루 종일 '개처럼' 일하고도 정승처럼 쓸 돈 한 푼 못 버는데도 '나'인 채로 괜찮은 것이다. 파워풀한 것이다. 바다가 되는 것이다.

   나는 언제나 그랬듯 최선으로 내 인생을 살 것이다. 부족하고 실패를 하더라도 앞으로 무엇을 하든지 내 안의 바다를 느꼈던 감각은 사라지지 않을 것 같다. 웃음에도 있지만 눈물에도 있는 것. 성공에도 따르지만 실패했을 때 더욱 빛나는 것. 나는 아이들에게 부지런히 세상을 가져다주고 아이들은 그것을 나에게 주었다. 그 어느 때보다 가장 지치고 초라한 모습의 내게 찾아와 준, 자부심 말이다.

이 사랑에는

이유가 없다

여전히 믿기 어렵지만 지금은 우리 집 막내, 일곱 살 선우의 시험 기간이다. 선우가 다니는 학교는 2학년까지밖에 없는 동네의 사립 학교인데, 공립으로 루트를 바꾸지 않는 한 모두가 시험을 통해 다음 학교로 진학하게 되어 있다. 영어, 수학 등 네 과목의 성취도를 30분 내외로 테스트하는 시험이다. 한국의 대치동만큼은 아니지만 영국 역시 학구열이 높은 사회로, 같은 유럽이라도 프랑스나 이탈리아와는 완전히 다르다. 역사적으로 좋은 교육에 대한 열망이 무척 큰 곳인 데다 몇백 년 이상 저마다의 교육 철학을 유지하고 발전시켜 온 학교들에 대한 신뢰도 깊다. 그래서 이곳의 학교는 오랜 노하우를 바탕으로 시험뿐 아니라 그룹 활동과 인터뷰를 통해 아이의 잠재력을 다면적으로 평가한다. 만 7세 인생의 첫 도전치고는 꽤 본격적인 셈이다.

당연히 모두가 원하는 학교를 갈 수는 없다. 많은 학부모가 이상적으로 생각하는 교육 환경을 가진 학교에는 많은 아이들이 몰리고 경쟁이 발생한다. 선우는 한 학교의 오픈 데이(입학 전 학교의 시설과 프로그램 등을 둘러볼 수 있는 날)에서 재학생들이 만든 춤추는 딱정벌레 로봇을 본 후 그런 로봇을 만들 수 있는, 그러니까 엔지니어링 환경이 마련되어 있는, 즉 경쟁이 치열한 학교에 가고 싶어 했다. 이 쪼끄만 애를 앉혀놓고 공부란 걸 하게 된 연유다.

난생처음 책상에 앉아 문제집을 붙들고 있다 보니

당연히 선우도 나도 힘들다. 여섯 살의 집중력은 마음 같지 않아서 한 시간을 채 넘기지 못한다. 그 와중에 좋아하는 동물 이야기도 해야 하고 간식도 먹어야 하니 여간 바쁜 게 아니다. 선우는 어릴 때부터 울음이 짧고 조금만 얼러주어도 떼를 쓰는 법이 없어 키우기 참 수월한 아기였다. 또래보다 말도 빠르고 기저귀도 금방 떼고. 그래서 나를 참 편하게 해주는 아기, 혼낼 일 없는 아기라고 하면서 즐겁게 키웠는데….

세상에 맙소사, 아이 공부시키는 일이 얼마나 끔찍하냐면 이런 아이에게도 큰소리를 낼 일이 생기는 거다. 글씨를 못 알아보겠으니 다시 쓰라고, 왜 자꾸 숫자 0을 6처럼 쓰느냐고, 문제는 제대로 읽었느냐고 하면서 말이다. 이 애는 아직 아기인 걸 아는데도, 제 딴엔 하기 싫어도 참고 정말 열심히 하는 걸 아는데도, 매일 저녁 여덟 시 취침 시간을 앞두고 신데렐라도 아닌데 조마조마한 마음으로 시계를 힐끔댄다. 숙제도 못 끝낸 채로 하는 수 없이 책을 덮으면서 답답한 마음에 한숨이 절로 나온다. 내 한숨이 아이에게

천둥같이 들릴 것을 알면서도 그게 어쩔 수가 없다. 차라리 내가 시험을 보고 말지 스트레스가 이만저만이 아니니까. 그냥 시험 안 보면 안 되나. 그놈의 딱정벌레 로봇, 그 학교 말고는 어디 만들 곳 없나. 과연 나는 잘하고 있는 걸까, 어디까지가 아이가 원하는 것이고 어디서부터가 내 욕심일까. 답을 알 수 없는 질문들이 뒤섞여 머릿속에서 끊임없이 꼬리잡기를 한다.

어제는 선우와 둘이 앉아 수학 문제를 푸는데 풀다 말고 선우가 갑자기 안아달라고 했다. 그러더니 뜬금없이 "엄마, 내가 바퀴벌레로 태어났으면 어땠을 거 같아?"라고 묻는다. 속으로 '공부하기 싫어서 이러는구나' 생각하면서도 나는 선우를 꼭 안은 채로 내 품 안에 있는 이 아이가 바퀴벌레라면 어떨까 생각해 보았다. "선우가 바퀴벌레로 태어났어도 이렇게 안아 줬을 거야. 뽀뽀도 해주고, 매일 아침도 차려주고, 선우 좋아하는 볼로네제 파스타도 해주지. 같이 밥 먹고 앉아서 공부 좀 하고 나서 꼭 안고 재워줄 거야" 하고 말했다. 그런데 아무 말이 없다. 얼굴을 보니까 눈물을 뚝뚝 흘리면서 울고 있다. 왜 우냐고 물으니 '기쁨의 눈물'이란다. 실은 나도 눈물이 났다. 그건 기쁘기도 하지만 슬프기도 하고 고맙기도 하고 미안하기도 한 그런 눈물이었다. 그 모든 것이 점점 차올라 나도 모르는 새 무거워져 있었던 모양으로, 마침내 터진 것처럼 많이도 났다. 우리는 아무 말 없이 한동안 서로를 안고 있었다. 나만 안아준 것이 아니라 선우도 나를 안아주었다. 밀린 숙제를 하는 것처럼 서로를 토닥였다. 여덟 시가 넘어가도록.

나는 내가 이 아이들을 사랑하는 데에 아무런 이유가 필요 없다는 것을 자꾸 잊는다. 눈에 보이지 않을 만큼 작았을 때부터 이미 사랑해 온 것을. 어떤 모습이건 간에 상관없이, 존재만으로도 사랑하게 된다는 것을 이 애들에게 배웠는데도 그 사실을 자꾸만 까먹는다. 내 사랑이 제일 크다고, 너희가 암만 엄마를 사랑해도 내가 너희를 사랑하는 것만큼은 못 할 거라 장담했으면서 말이다.

엄마로서 아이들에 대해 매일 많은 생각을 하고, 그에 대한 이야기를 끊임없이 나누게 되지만 그 가운데 가장 진심을 고백하라면 단 한마디만이 필요하다. 나는 이 애들을 있는 그대로 사랑한다. 내 사랑을 얻기 위해 아이들이 노력할 건 없다. 정말로, 자신들이 아닌 그 무엇도 될 필요가 없다. 0을 6처럼 써도, 아는 걸 또 틀리고 문제를 잘 못 읽어도 괜찮다. 실수를 하고 또 하고 같은 실수를 또 해도 상관없다. 내가 연우와 선우를 사랑하는 데에는 아무 문제가 없다. 바퀴벌레여도 괜찮다. 분명히 무척 귀여운 바퀴벌레일 것이다.

쓸수록

*

자라나는 마음

　　벌써 서너 번 가본 곳이지만, 그날의 파리는 아주 영 딴판이었다.

　　남편의 출장이 한창 잦았던 때가 있었다. 타지 생활을 하기에 남편이 집을 비우면 나 나름의 비상 경영에 돌입하는데, 혼자서 아이들을 보호하고 책임진다고 생각하니 한시도 긴장을 놓을 수가 없다. 그 각성 상태는 잘 때에도 이어져 알람을 대여섯 개씩 맞춰놓고도 깊이 잠들지 못해 깨기도 자주 깬다. 혹여 학교에서 전화라도 올까 집 밖에 잘 나가지도 않고 긴장한 채로 한 달을 보내고 나면, 몸은 데식어 버리고 마음은 고달파진다.

회사 일이었으면 초과 근무만큼의 수당이나 대체 휴가를 받았을 텐데, 집안일과 육아에는 워라밸이 없다. 나의 '일'이란 나와 아이들의 삶 그 자체이고, 그 매일의 생활이 곧 나의 일이니까. 아이들에게 뭘 안 가르치거나 안 먹여도 되는 날이 있을 리 없고, 가족을 사랑하지 않거나 돌보지 않아도 되는 시간도 없다. 설거지나 청소도 하루를 안 하면 그다음 날에 더 많이 해야 하는걸. 주말도 방학도 없이 산꼭대기를 향해 바위를 굴려야 하는 시지프스처럼 말이다. 이것은 누군가가 내린 형벌도 아니고 내가 기꺼이 선택한 것이었으나, 끝없는 반복으로 인해 행동의 목적과 의미를 잃은 상태라는 것은 시지프스와 같았다.

그렇게 9년을 하루도 빠짐없이 매일 같은 일을 했는데, 특별한 계기도 전조도 없이 심한 무기력증이 찾아왔다. 정식으로 진단을 받아본 적은 없지만 이것이 바로 그 유명한 번아웃인 듯했다. 별일도 아닌데 자꾸 화가 나고 말끝마다 마침표처럼 한숨이 따라붙었다. 어쩌다 혼자 지하철을 타면 '여기 한 열 시간 정도만 갇혔다 나오면 소원이 없겠다' 싶었고 화장실에 들어가 양치를 하면 세면대 수챗구멍을 한참 들여다보며 그 안에 몸을 욱여넣는, 말도 안 되는 상상을 했다.

그런 일이 점점 더 잦아지기 시작한 때쯤, 서로를 영혼의 자매라고 부르는 민정 언니와 둘이서 파리에 가게 되었다. 언니는 나와 취향, 성향, 체형이 다 비슷하지만 모든 면에서 나보다 월등해 늘 영감을 주는 여성으로, 우리는 또래 아이를 함께 키우며 한 가족처럼 지낸다. 나의 친언니와 이름도 생일도 같은 언니와 나는 진짜로 영혼의 자매이기라도 한 것처럼 생애 주기도 비슷하게 작동해서, 그맘때 우리는 얼추 비슷하게 지쳐 허약한 영혼을 지니고 있었다.

그러고 보니 디즈니랜드가 아니고, 동물원이나 아쿠아리움이 아닌 파리의 거리를 걷는 정말 오랜만이었다. 파리가 원래 이렇게 좋았나? 아이들에게서 눈을 떼지 않느라 제대로 보지 못했던 사람들의 옷차림, 런던과는 다른 빛깔의 햇살, 색다른 분위기의 상점 디스플레이, 모든 것이 새삼 눈길을 잡아끌었고 면면이 아름다웠다. 아이들과 함께라면 꿈도 못 꿀, 두 시간 반의 느긋한 식사를 한 게 도대체 얼마 만인지. 나는 거리를 걷는 내내 거의 얼이 빠진 채로 어리둥절했다. 파리는 런던에서 기차로 두 시간 남짓이니 아이가 있을 때도 없을 때도 자주 왔었지만 이렇게 좋지는 않았기 때문이다. 사실상 감격스러웠던 것은 파리 그 자체보다는 9년 만의 근무지 이탈이었던 것이다.

그러면서도 자꾸 전화를 거는 것은 내 쪽이었는데, 아이들은 놀랍게도 아빠가 해준 음식을 잘 먹고, 잘 자고 잘 놀고 있었다. 기특하게 울지도 아프지도 않고서 말이다. 우리는 와인을 몇 잔 마시고 붉어진 얼굴로 노래를 흥얼거리며 숙소로 돌아갔다. 그날 밤은 중간에 한 번도 깨지 않고 내리 열 시간을 잤다. 내가 그렇게 잔 것은 정말 모처럼으로, 아이를 낳은 이후로는 처음이었다.

　우리는 밥도 먹고 싶을 때 먹고, 크루아상 하나를 사기 위해 한참 줄을 서기도 했다. 실컷 책을 읽고, 전시를 보러 가서는 마음에 드는 작품 앞에 원하는 만큼 서 있을 수 있었다. 물속에 포자가 퍼지는 듯한 이미지를 형상화한, 러닝 타임이 긴 영상을 한참 동안 앉아 바라보기도 했다. 모든 감각 기관을 곤두세우고 온전히 나의 신경에 집중하는 시간 동안, 텅 비어 납작한 채로 있던 어떤 부분이 슬며시 부풀어 오르는 느낌을 받았다. 내가 무슨 굉장한 예술가도 아닌데, 영감이나 감상, 성찰 같은 것들이 머물 자리가 있었던 모양이다. 오랜만에 느껴보는 충만함이었다.

　그렇게 이튿날 집에 돌아와 문을 여니, 발소리를 듣고 내려와 있던 아이들이 나에게 힘껏 달려와 안겼다. 뒤로 휘청일 만큼 강하게 다가온 아이들을 끌어안으면서, 내 속에 남아 있던 온갖 권태와 매너리즘의 찌꺼기들은 완전히 함락되었다. 여행이란 결국 돌아오기 위해 떠나는 것이라고 했던가, 반복되고 반복되어

권피한 일상에 대한 깊은 그리움을 느끼고, 그것을 해소하는 일까지 포함해서 말이다. 과연 이 세상에 완벽한 것이 있을까 싶다마는 그것은 완벽한 여행, 아니, 완전한 치유였다. "자주 여행하세요. 길을 잃는 것은 당신 자신을 찾는 데 도움을 줄 것입니다"라는 홀스티의 인기 있는 선언문처럼, 떠나고, 움직이고, 처음 가는 길을 가고, 잘 모르는 풍경으로 들어가는 여행은 어떤 치료보다도 나 자신을 낫게 해준다. 그 모든 경로가, 매일의 할 일에 매몰되어 있던 나의 시선을 돌려 내면을 들여다보도록 애써주기 때문이다. 바빠서, 힘들어서, 여유가 없어서 모른 척해오던 나 자신의 소리를 마주하게 해주는 것이다.

 나는 그 이틀간의 집중 치료로 아주 달라져 있었다. 마땅히 화가 나는 일이라고 생각했던 것들에 이상하게도 화가 나지 않았고, 습관처럼 내뱉던 한숨도 줄어들었다. 수챗구멍을 넋 놓고 쳐다보는 일도 더 이상 하지 않았다. 고 며칠 만에 성장이라도 한 건지, 아니면 그저 망가져 있던 부분이 회복된 것인지는 모르겠지만, 먹이고, 재우고, 가르치고, 생활을 돌보고… 이전과 정확히 똑같은 일을 하는데도 같은 것이라고 느껴지지 않았다. 더 많이 이해하고 자주 행복감을 느꼈다.

그 후로 나는 정신이 지치고 쇠약해져 말라붙을 기미가 보이면 곧장 그날의 파리를 떠올린다. 매일 아침 눈곱을 떼고 얼굴을 깨끗하게 씻은 후 크림을 펴 바르듯이, 끼니마다 필요한 영양소를 꼭꼭 씹어 꾸준히 섭취하듯이, 나의 정신과 영혼도 정성으로 매만져야 한다는 것을 이제는 알기 때문이다. 매번 유로스타를 탈수는 없지만, 거리를 좀 걷고, 잘 먹고, 그리고 좋은 것들을 보거나 들으면서 나 자신에 집중하고 반추하는 시간을 가지면, 버석한 부분들이 곧 반질반질해지는 게 느껴진다. 해보니 그렇다.

불행한 엄마가 아이를 행복하게 키울 수 있다고 생각하는 것은 아무래도 난센스다. 썩은 수도관에서 어찌 맑은 물이 나올까, 시원찮게 비틀린 가지가 탐스런 열매를 무슨 수로 매달고 있을까. 내가 나를 사랑하는 것은 마땅히 주장해야 할 권리이면서 반드시 따라야 할 의무이기도 하다. 사랑하는 마음은 쓸수록 자라난다고 하니, 가족을 사랑하고 아낀다는 것이 나 자신을 덜 사랑하고 덜 아껴도 된다는 말은 아닐 것이다.

시간을
되감지 않고서도

 마흔이 되면서 달라진 점이라면, 비행기 타는 게 무서워졌다는 것이다. 그렇다고 안 탈 수는 없어서, "좌석 표시등이 켜지면 좌석 간 이동을 삼가시고 벨트를 하세요"라는 승무원의 안내를 외울 듯이 집중해서 듣는다. 눈으로는 화면과 눈싸움을 하듯 바라보며, 승무원이 좌석 밑에 비치된 구명조끼를 입고 몸에 맞게 조이고, 천장에서 내려온 마스크를 쓰는 모습을 빠짐없이 바라본다.

　무서운 것은 이것뿐만이 아니다. 예전에는 택시 운전사처럼 차를 과감하게 잘 몬다는 소리를 들었는데, 요즘은 운전을 하기 전에 기도를 하고, 제한 속도가 20킬로미터인 동네 운전만 한다. 매일 저녁 문단속을 하고 또 하고, 늘 세정제를 갖고 다니면서 손을 닦고 또 닦는다. 나이가 들어서 겁이 많아진 건가, 엄마가 된 바람에 이렇게 되었나. 세월호 침몰 사고와 코로나19를 겪으면서 평온한 일상과 비극적 사건을 가르는 경계가 없단 걸 목격해서 그런가. 아마도 그 모두일까. 어디서부터 어디까지라고 할 것도 없이, 그냥 모든 것이 다 불안하다.

　인간이라면 누구나 무조건 죽는다는 명확성, 그러나 언제, 어떻게 죽을지는 조금도 알 수 없다는 그 불명확성 때문에 우리는 불안하다고 한다. 우리가 모두 언젠가 죽는다는 사실은, '우리는 무엇이며 이 유한한 인생을 어떻게 살아야 할까' 고민하게 만든다. 여기에 대해서는 노자의 말처럼 무위자연으로 돌아가자고 할 수도 있겠고, 쇼펜하우어처럼 삶이란 곧 고통이니 직시하고 받아들이라고 대답할 수도 있겠다.

리처드 커티스 감독의 영화 〈어바웃 타임〉은 삶과 죽음에 대한 인간의 보편적인 질문에 대해 가장 따뜻한 대답을 내놓는다. 영화는 시간 여행을 소재로 한다. 성인이 된 팀이, 자기 가문의 남자들에게 시간 여행 능력이 있다는 것을 알게 되면서 벌어지는 이야기이다. 영화는 꽤 로맨틱하지만 로맨스 영화는 아니다. 남녀 주인공이 사랑에 빠지고 충분히 드라마틱한 결혼식을 올리지만 '행복하게 오래오래 살았습니다'로는 끝나지 않는다. 대신에 팀이 아이를 낳고, 어려운 순간들을 견디며 살아가는 과정을 차곡차곡 보여준다. 자유자재로 타임라인을 넘나드는 시간 여행자에게도 선택과 결심, 이별의 순간은 찾아온다. 아버지는 아들에게 말한다. "삶은 이것저것이 다 섞여 있는 가방이지. 네가 누구든 간에."

이 영화는 만나고 헤어지고, 태어나고 죽는 가운데 계속되는 삶의 주인공인 우리의 이야기다. 비바람이

불어 치마가 뒤집히고 때로는 끔찍한 재앙이 찾아와 진창에 처박히기도 하지만, 그 속에서 울기도 웃기도 하는 유한한 존재를 영화는 러닝타임 내내 부드럽고 따스하게 호응해 준다.

영화는 매 장면을 한 폭의 그림처럼 담아낸다. 폭풍우가 몰아치는 가운데 빨간 드레스를 입고 결혼하는 순간, 해변에서 가족들이 둘러앉아 책을 읽고 피크닉을 즐기는 모습, 한여름에 흰옷을 입고 테니스를 치는 목가적인 풍경은 마치 스페인 화가 호아킨 소로야가 그린 작품 속 햇살처럼 아늑하다. 충분히 밝지만 눈부시지 않은, 친절하고 따뜻한 기운이다. 그리고 아득하게 흘러나오던 배경 음악의 소리가 커지면, 팀도 영화를 보는 관객도 현재에 존재하고 있음을 느낀다. 영화 말미에 팀은 고백한다. 매일이 마지막 날인 것처럼 순간에 최선을 다하는 것, 매일을 여행하는 것처럼 사는 것이 삶의 유일한 레슨이라고. 우리가 할 수 있는 건 이 놀라운 여정을 최선을 다해 즐기는 것뿐이라고 말이다.

이는 전문가들이 불안감을 잠재우는 방법으로 제안하는 '지금 이 순간에 집중하기'와 일맥상통한다. 아직 도래하지 않은 미래와 되돌릴 수 없는 과거로부터 벗어나 현재에 집중하면 불안감을 떨쳐낼 수 있다는 것이다. 그러기 위해서는 현재의 풍경, 소리, 냄새, 촉감 같은 것들을 감각하는 게 좋은 방법이라고 한다. 나는 여전히 하루에도 몇 번씩 불안하지만, 그럴 땐 숨을 크게 들이마시고 지금 이 순간을 감각해 본다. 지금 나에게 보이고, 들리고, 맡아지고, 만져지는 모든 것들. 나는 이 감각들을 통해 지금 이 순간에 있으며, 이 순간도 그저 흘러가고 있음을 깨닫는다. 단 한 번뿐인 지금에 충실하게 존재하는 것만이 내가 할 수 있는, 해야 하는 전부라는 것을 말이다.

자기 전 침대에 누워 있는 시간은 흔들리는 비행기 안만큼이나 불안감이 엄습하기 딱 좋다. 그러나 나는 이 삶이 아닌 그 어디에도 가지 않기 위해 노력한다. 잠든 아이들이 나의 양쪽에서 달큰한 숨을 고르게 내

쉬는 지금에 머물기 위해서. 이불 커버는 차갑지만 아이들과 닿은 부분만은 온기가 가득하다. 옆 침대에서 남편이 작게 코 고는 소리가 들린다. 나의 소중한 사람들의 숨소리가 엉겨 붙은 이 작은 방은 고요하고 평화롭다. 이 평화가, 이 시간이 언젠가 끝난다고 해도 나는 지금 이대로 행복하다는 것을 마음에 새긴다. 모든 것이 신기루처럼 사라져 흔적을 찾아볼 수 없게 지나가 버린다 해도 지금 내가 느끼는 행복에는 변함이 없는 것이다. 그것만은 확실하다. 지금은 그것으로 충분하다.

창에 달빛이 아른거린다. 그것이 완만한 경사를 이루는 연우의 이마로, 뺨으로 떨어져 야트막하게 솟아오른 코에까지 흐른다. 나는 그 모습을 한참 바라보았다. 그사이 시간과 함께 불안감도 흘러가 버린 것을 느낀다. 새로운 날이 시작되려 한다.

3장

*

그럼에도
이해하려는
마음

정상과

*

비정상

　　손가락 마디를 잘라낼 뻔한 일이 있었다. 아이 친구 로티가 놀러와 꽃꽂이를 함께한 날이었다. 내가 장미를 다듬어 건네주면 아이들이 그걸 화병에 꽂으며 놀았는데, 행여 장미 가시에 손이 다칠까 싶어 아이들의 손에서 눈을 떼지 않다가 그만 내 손끝을 잘라버린 것이다. 잘린 틈 사이로 피가 왈칵왈칵 나왔다. 내가 당황해하면 애들이 얼마나 무섭겠나 싶어 화장실에 간다고 일어나서는 떨리는 손으로 집에 있는 메디폼을 집어 있는 힘껏 동여맸다. 그저 피만 보여주지 않으면 된다는 생각뿐이었다. 어찌저찌 아이들 밥을 먹이고 로티를 돌려보냈는데도 피가 멎지를 않았다. 신경이 잘리고 혈관이 손상되어 그랬던 것은 나중에 알았다. 하필 남편이 출장 중이라 한 손으로 애들을 씻기고 재우고 잠이 들었다.

하루가 꼬박 지나니 손끝이 검게 변해 건드려도 아무런 느낌이 나지 않았다. 병원에 갔더니 이미 피부와 신경이 죽어 괴사가 진행 중이라고 했다. 극단적 처방으로 살갗을 벗겨 재생을 촉진하는 방법이 남아 있었다. 그러고도 신경이 되살아나지 않으면 남은 부분의 괴사를 막기 위해 한 마디를 완전히 잘라내야 한다고 했다. 손가락을 자를지 여부는 다음에 와보면 알 것이라고.

응급의료센터의 의사이니 얼마나 다친 몸을 많이 봐왔을까. 나의 검게 변한 새끼손가락 끝마디는 그들에게 별일 아닌 것 같아 보였다. 마취를 하고 살갗을

깎아내면서도 유감입니다, 라든지 마음의 준비를 하세요, 같은 말도 건네지 않는 여상한 얼굴이었다. 손을 다치던 그날 저녁에 태연한 낯으로 로티를 배웅했던 내 모습이 떠올랐다. 아이들은 어른의 당황한 얼굴을 보면 울기 때문이다. 그렇지, 내 얼굴을 살피는 사람과 함께 있을 때는 표정을 조심해야 하지. 그때 힐끔 바라본 의사의 고요한 얼굴이 냉정이 아니라 배려로 보였다. 내내 아무 말 없다가 "그래도 왼손이라 다행이네요" 하는 의사의 말에 나도 동의했다.

피부를 벗겨낸 새끼손가락의 끝은 아주 조그마하다. 사람의 살이란 피부를 벗겨내면 그렇게 새빨간 부분만 조금 남는 것이다. 드레싱을 하고 동여맨 붕대는 피와 진물로 금세 축축해지길 반복했다. 잠자리에 누워 새끼손가락 한 마디가 없는 나의 모습을 그려보았다. 많이 불편할까? 얼마나 눈에 띌까? 아이들이 무서워할까? 그렇게 되면 앞으로 TV 출연이 어려울까? 혹시 놀림을 받을까? 영국에는 차별금지법이 있어서 그 손가락을 가지고 나를 차별하면 처벌받도록 할 수 있다지만, 한국엔 무엇이 있지? 같은 생각이 밤새도록 진물처럼 흘러나왔다.

고작 1센티미터 남짓한 이 한 마디가, 수없이 잘라왔던 머리카락이나 손톱과는 전혀 달라 나에게 어떤 영향을 미칠 것이라고 이토록 걱정되는 게 영 이상했다. 도마뱀도 꼬리를 자르고 달아날 때는 일생일대의 결심을 한다고 한다. 떼어낸 다음 자라나는 꼬리는 '정상'이 아니기 때문에, 이후 짝짓기에서, 무리에서의 불이익을 감당하겠다는 나름의 각오가 있어야 마디를 잘라낼 수 있다고 했다. 정상성이 이렇게 나약한 것이라니. 그것은 도마뱀의 머리까지 가지도 않고 꼬리만으로도 훼손되는 것이었다. 내가 살아온 40년을 내내 함께한 그것이, 꼿꼿이 가위에 장미 가시 대신 잘려 나가기도 하는 것이다.

양쪽에 새근거리며 잠든 아이들이 얼굴을 바짝 붙인 채 있었지만 며칠 밤을 홀로 고통 속에 보냈다. 분명 외로웠지만 그 고통이 아이들에게 나누어지지 않고 그 속에 나 혼자 있는 것만은 무척 감사했다.

다행히 신경은 회복되어 손가락을 잘라낼 필요는 없었다. 의사는 내가 그나마 나이가 젊고 담배를 피우지 않아 혈관이 건강한 덕분이라고 말했다. 의사가 날 안심시켜 주었지만 어쩐지 그렇다고 해서 비극의 문 앞에서 완전히 탈출한 것 같은 개운한 기분은 들지 않았다. 모두가 첫눈에 눈치채진 못하지만 내 새끼손가락은 여전히 이상하고 불편하기 때문이다. 아마 내 젊음과 혈관의 건강이 충분하지는 않았는지 상처 부위가 완전히 재생되지 않고 자라다 말았다.

무언가에 닳은 것처럼 보이는 기울어진 내 새끼손가락은 말하지 않으면 그다지 주의를 끌지 못하지만, 꺼내어 보여주면 누구나 이상하다고 느낀다. 그 손가락은 비가 오거나 생리 때가 되면 편두통과 함께 시큰거리며 신호를 보낸다. 아마도, 아니 확실히 그러한 부위는 점점 늘어날 것이다. 잠깐의 '정상'이던 시절은 그렇게 지났다. 그것은 내 잘못도, 조금 떨어져 나간 내 손가락의 잘못도 아니다.

무엇으로 웃고
*
무엇으로 울든 괜찮다면

공원을 산책하는 것은 런던 생활의 큰 즐거움이다. 크고 작은 공원에 갈 때마다 성별과 나이에 상관없이 다양한 사람들을 마주하게 되는데, 천천히 걸으며 그들을 바라보는 일은 시간 가는 걸 잊을 정도로 재미있다. 조깅하는 사람들, 아무거나 주워서 입에 넣는 아이들, 손이 닿을락 말락 간지러운 분위기를 풍기는 젊은이들, 열중해서 이야기를 나누는 이들, 평화로워 보이는 어르신들. 그러고 보면 사람 사는 게 다 비슷비슷하다 하면서 그 모습을 바라본다. 공원에 우리 아이들 또래가 놀고 있으면 더욱 눈여겨 그들의 말과 행동을 지켜보게 된다. 줄에 걸린 탈것에 매달려 높은 곳에서 아래로 내려오는 '짚라인'이 있는 공원에서 있었던 일이다. 열 살이 안 되어 보이는 한 소년이 짚라인을 타려다가 출발하지 못하고 망설이고 있었다. 그러다 큰 소리로 친구를 부르며 말한다. "오, 이거 생각보다 무서운데, 내 옆에 좀 서 있어줘." 거기에 대고 소년의 친구가 큰소리로 대꾸한다. "제발 좀, 여자애들이나 그러는 거지!"

조금 머뭇거리다 눈을 질끈 감고 내려오는 아이의 모습을 보면서, 마음 놓고 도움을 받지도 주지도 못하는 그 애들 모두에게 안타까운 마음이 들었다. 그러고 보니 비슷한 또래인 나의 딸 연우의 친구들이 곧잘 서로를 격려하고 응원하던 모습이 떠올랐다. 크리켓 매치가 있을 때도 친구 차례가 되면 "이, 엠, 엠, 에이, 엠-마!" 하는 등의 응원가를 만들어 서로 불러주기도 하고, 슛을 실패해 어깨가 축 처진 팀원에게 달려가 껴안아 주는 것도 여러 번 봤다. 반면에 남자아이인 선우의 친구들은 전혀 분위기가 다르다. 이기거나 잘하면 환호해 주지만 서로 용기를 북돋아 주거나 친구를 다독여 주는 모습은 잘 볼 수 없다. 야유나 안 나오면 다행인 분위기이다. 정서적 지지와 응원을 받은 경우에 성공 확률이 더 높아진다는 것을 생각하면, 정답은 야유보다는 격려인데도 말이다.

소년들은 꽤나 어린 나이에서부터 전형적인 '남성적 성공' 문화를 흉내 낸다. 남자아이를 키우는 엄마가 이를 확인하고 충격을 받는 일은 꽤 흔하다. 부드럽고 친절하던 아이가 학교에 가 친구들과 어울리는 시간이 길어지면서, 감정을 솔직하게 터놓지 않고 말투나 행동이 감당하기 힘들 만큼 거칠어져 '내가 키운 애가 맞나' 싶어진다는 '아들 맘'들의 고백이 인터넷에 쏟아진다. 영국의 어린이·청소년 연구 전문 조직인 '오리너구리 리서치(Platypus Research)'는 소년들이 인기를 얻기 위해 '쿨'해야 하며, 스포츠를 잘하고, 늘

유쾌해야 한다는 압박감을 느낀다는 사실을 밝혔다. 문제는 그 지침이 아이들 각자가 타고난 특성과는 관련 없이 고정 관념에 의해 설정된다는 것이다.

서로 깊이 연결되고자 하는 갈망은, 인간이라면 누구나 느끼는 기본적인 감정이다. 그러나 그 정서적 친밀감은 소년들이 자라면서 학습하는 고정 관념과는 양립할 수 없다. 남자아이들은 약하면 안 되고, 사랑과 정서적 갈망과 같은 감정을 포기해야 한다는 압박감을 느끼도록 교육받기 때문이다. 시카고의 임상 심리학자 조앤 핀켈스타인 박사는 우리가 딸들에게는 똑똑해지고, 리더가 되고, 강해지는 것과 같은 '전형적인' 남성의 특성을 받아들이라고 격려하면서도, 여전히 아들들에게는 '여성적'이라고 여겨지는 특성인 부드러움이나 너그러움을 가져도 괜찮다고 말해주지 않는다는 점을 지적한다.

2019년에 열린 프랑스 오픈 테니스 대회 중 니콜라 마위가 모두가 바라보는 테니스 코트에서 뜨거운 눈물을 흘린 것이 화제가 되었다. 은퇴를 앞둔 마지막 경기에서 그의 가장 큰 목표이자 꿈이었던 16강 진출이 좌절되었기 때문이다. 혼신의 힘을 다한 마지막 경기를 실패로 마무리한 채 라켓을 챙기고 수건을 가방에 넣으며 벅찬 감정을 주워 담던 그 쓸쓸한 순간에, 갑자기 환호와 박수 소리가 커졌다. 그의 일곱 살짜리 아들이 경기장에 뛰어들어 진행 요원이 미처 손쓸 새도 없이 달려가 고개 숙인 아빠를 끌어안은 것이다. 고개를 들어 눈을 맞춘 둘은 서로를 토닥이고 격려하며 손을 잡고 코트를 떠났다. 그 모습에 관중들과 상대 선수도 넘쳐흐르는 감정을 주체하지 못하고 눈물을 흘리며 박수를 보냈다. 짙은 감정이 녹아든 눈물과 거기에 쏟아진 격려와 응원에는 마위뿐 아니라 그 모습을 바라보는 이들도 치유하는 힘이 있었다. 테니스 선수로서의 삶은 끝이 났지만, 앞으로 더 긴 시간을 살아가야 할 한 인간으로서 그날의 경험은 분명 실패로만 기억되지는 않을 것이다.

"내가 만약 외로울 때면 누가 나를 위로해 주지"라

는 노랫말이 잘 알려진 데는 이유가 있다. 인간은 모두가 정서적 욕구를 지니고 있기에 우리 모두는 누군가의 응원과 지지를 필요로 한다. 속상할 땐 눈물을 흘리고 힘이 들 땐 포옹을 원한다. 그것은 부끄러운 일이 아니다. 그래서 나는 남편에게 언제든 약해져도 괜찮다고 말하고 싶다. 우리 아빠의 눈물을 닦아드리고, 더 자주 안아드리고 싶다.

성별을 떠나 모두가 아주 어렸을 때부터 강해질 필요도 약해질 필요도 없는 한 인간으로 자란다면 어떨까 생각해 본다. 있는 그대로의 모습으로도 충분히 인정받고 받아들여진다면. 어떤 것을 두려워하든, 무엇으로 웃고 또 무엇으로 울든 괜찮다면. 우리는 지금보다 더 행복해질 수도 있을 것이다.

받은 만큼
*
돌려주기

나에겐 내가 갖기에 과분한 것들이 많이 있다. 큰맘 먹고 샀지만 1년에 한 번 들까 말까 한 가방, 살 빼면 입으려고 고이 모셔놓았으나 점점 멀어지고만 있는 드레스, 허리가 안 좋아지면서 신지 못하게 된 구두, 한 번도 못 입은 새틴 재킷과 스카프, 고급 액세서리들. 옷장을 정리하다가 그 물건들을 멍하니 바라보면 어찌할 줄을 모르고 압도되는 기분이 들고 만다.

물건들이 앞으로 막 다가와 나를 짓누를 것만 같은 기분 말이다.

분명히 쌓아두려고 산 물건들은 아니다. 이럴 때 입어야지, 이런 날 신어야지, 하면서 샀다. 그땐 그게 꼭 필요한 것 같았고, 그걸 사지 않으면 무척 곤란할 줄 알았다. 그런데 그 '그럴 때, 그런 날'이 나에게 도통 오지를 않았다. 그도 그럴 게 아이 둘 가진 애 엄마가 크리스털 자물쇠가 달린 8.5센티미터 힐을 신을 날이 얼마나 있겠나. 친구들 결혼식에 갈 때 입겠다고 산 '하객룩'만 해도 몇 벌인데, 타지 생활로 정작 결혼식엔 가지도 못했다. 그렇다. 나는 내가 필요한 것보다 훨씬 더 많이 소유하고 있었다.

정리를 하겠다고 한데 모아놓고 보니 버리기에는 너무 좋은 물건들이다. 이것들로 무엇을 할 수 있을까? 이런 생각을 한 그날이 처음으로 런던에서 바자 행사를 하기로 마음먹은 날이었다. 그러나 나는 생일 파티를 하는 것도 부담스러워할 정도로 뭔가 일을 벌이는 데에 소질이 없다. '가만히 있으면 중간은 간다'

고 하는, 소위 '나대면' 욕을 먹는 한국인의 DNA가 걱정을 키웠다. 그렇게 계속 고민만 하고 있을 때 같이 유튜브 채널 '만두랑'을 만들던 팀원들과 이야기를 나누게 되었는데, 어째 사정이 전부 비슷했다. 우리에겐 그게 뭐가 되었든 '과분하게 많이' 가지고 있어 남는 것들이 있었다. 쓰지 않으면서 버리기엔 또 아깝고 되팔자니 소중한 것들. 모두가 이 자원을 좋은 방향으로 순환시키고 싶다는 데 동의하여 각자 그것들을 가지고 '만두랑 자선 카페'를 열게 되었다. 민 감독님은 구하기 힘든 (그러나 한 번도 신지 않은) 운동화를, 민정 언니는 포장된 상태 그대로인 새 스카프를 가져왔다. 손재주가 좋은 혜미는 에코백에 자수를 놓았고, 해나는 이 모든 일이 실제로 가능하도록 이리 뛰고 저리 뛰었다.

그날 50여 명의 사람들이 런던의 한 카페에 모였다. 나라는 사람과 기꺼이 일을 벌여준 '만두랑'의 팀원들과 먼 길까지 발걸음을 해준 구독자들. 그동안 안부와 응원과 지지를 서로 주고받았다고 해도 사람과 사람으로 만나는 일은 전혀 다른 느낌이었다. 모두의 친절이, 그 선의들이 모이는 모습을 마주하자 몇십 년을 내내 옹송그리고 있던 내 안의 어떤 부분이 펼쳐지는 것을 느꼈다. 내가 이런 일을 해내다니!

이후 유튜브 채널에 올린 그날의 영상을 보고 대학 친구인 정현이가 연락을 해왔다. 예쁘고 실용적인 가방을 제작하는 브랜드 오이스터오브젝트를 운영하는 친구다. "민지야, 그런 이벤트가 있는 줄 알았으면 나도 가방 좀 챙겨서 보냈을 텐데! 다음엔 꼭 같이하자!" 우리는 각각 엄마가 되어 보스턴, 런던에 살면서, 서구 사회의 일상적인 기부 문화에 대해 느끼는 바가 있었다. 이야기는 아이를 키우며 생긴 '더 나은 세상을 만들고 싶은 마음'까지 뻗어나가며 길어졌다. "어머, 우리 왜 이렇게 철들었어" 하는 말과 함께.

그렇게 해서 다양한 네트워크와 엄청난 추진력을 갖춘 정현이와 '사회 공헌 활동'을 시작하게 되었다. 처음엔 단 5만 원이라도 같이 기부하자는 마음이었다. 그 마음에는 화장품 브랜드 클랍의 소연이가 동참해 카페 공간을 빌려주었고, 뷰티 브랜드 퓨어피크를 운영하는 다솜이와 정아가 포스터와 굿즈를 디자인해 주었다. 거기에 방향제와 소품을 제작하는 브랜드, 손으로 레터링 아트를 하는 작가님, 활동성이 좋은 남자아이 옷을 만드는 브랜드의 대표님까지 다양한 분야의 사람들이 모였다. '나에게 필요한 양보다 더 많이 있는 것'을 내놓아 꼭 필요한 곳에 전달하고 싶다는 마음을 가진 브랜드는 자그마치 열한 곳이나 되었고, 더 많은 것이 있는 마켓에는 더 많은 사람들이 모였다. 연우랑 선우를 포함해 내 친구들과 그들의 아이들은 손가락을 접어가며 계산을 하고 거스름돈을 주고 짐을 옮겼다.

우리는 첫 번째 마켓에서 5만 원이 아닌 1천만 3천 원을 세이브더칠드런에, '도토리 자선 바자'로 이름을 바꾸어 진행한 두 번째 마켓에서는 약 1천 160만 원을 한국백혈병어린이재단에 기부하였다. 그러니까 벌써 어림잡아 2천만 원 정도를 기부한 셈이다.

사실 나는 오랫동안 겁을 내고 있었다. 주제에 넘

치는 인스타 팔로워 수와 분에 넘치는 유튜브 구독자 수, 그리고 세상 사람들이 말하는 유명세라는 것들. 그 과분한 '영향력'이라는 무게에 대해서 말이다. 내 그릇은 너무 작고 존재는 미미해서 그것들을 담기에 부족함이 많았기 때문이다. 그러나 그렇게 사람들이 모여 함께 무언가를 만들어 낸 경험을 한 후에야 알게 되었다. 무언가 분에 넘치게 있다면, 버리고 썩히고 낭비할 것이 아니라 나누면 된다는 것을. 혼자서는 벅차도 함께라면 충분히 할 수 있다는 진리를. 모든 것을 감시하는 것처럼 느껴지던 세상의 눈동자들은, 내가 무엇을 하느냐에 따라서 길을 비추어 주는 가로등이 될 수도 있었다.

그리하여 나는 다시 이 자리다. 두 번의 감사했던 기억을 끝으로 더 이상 마켓에 함께하지 않기로 결정했다. 브랜드 간의 협력이 더욱 중요한 마켓이니, 브랜드를 운영하는 분들이 이끄는 것이 맞다고 생각했기 때문이다. 그래서 결국 또 그 고민으로 돌아왔다. '내가 뭘 할 수 있을까?'

상황만 보자면야 5년 전의 나와 별반 다르지 않지만, 그동안 많은 일이 있었다. 그때마다 배우고 느낀 것이 어느새 또 나의 것이 되어 있다. 부족할지언정 무얼 해도 안 하는 것보단 나을 것이다. 아무것도 안 하면, 아무 일도 생기지 않는다. 부지런히 움직여 이 세상을 더 열심히 잘 살아내고 싶다. 그래서 단 1그램이라도, 5만 원만큼이라도 세상이 좋아지면 좋겠다. 그것이 나에게 힘을 나누어 준 이들이, 나로부터 마땅히 돌려받아야 할 적절한 보답일 것이다.

그 마음은
*
내 것이 아니었다

런던에 있는 우리 집에는 사람들이 많이 오가는 편이다. 여행길에 들러 며칠씩 머물다 가는 친구나 지인들도 있고, 식사하면서 가볍게 한잔하는 손님도 있다. 얼마 전엔 구자철 선수가 다녀갔는데, 독일에 일이 있어서 유럽에 온 김에 하루 시간을 내어 식사를 하고 갔다. 며칠 동안 한식을 못 먹었다기에 소고기 등심을 넣은 된장찌개를 끓이고, 이베리코 돼지고기의 목살과 쌈 채소를 준비해 한국식 바비큐를 해 먹었다.

지금도 요리를 특별히 잘하는 건 아니지만, 신혼 초엔 정말 처참한 수준이었다. 학교도 회사도 모두 본가에서 다니면서 결혼하기 전까지 밥도 한 번 해본 적이 없었으니 말이다(고백하자면 아직도 컵이 없으면 밥물을 잘 못 맞춘다). 우리 엄마는 늘 바쁘셨기 때문에 우리 집엔 살림을 도맡아 해주시는 감사한 분이 따로 계셨고, 손님을 집으로 초대하는 일은 거의 없었다. 중요한 일이 있으면 맛있고 분위기 좋은 식당에서 음식을 대접하는 것이 최고라고 여겼다. 누구에게나 쉽게 늘지 않는 재능이 없는 분야가 있기 마련인데, 내게는 그게 하필이면 요리였다. 사람이 무언가를 할 때 환경과 재능 중에 하나라도 따라주면 어느 정도 창피함은 면할 수 있지만, 그 둘 다가 나에게는 허락되지 않았던 것이다.

그렇게 결혼을 하게 되었고, 내가 준비가 되었든 되지 않았든 손님들은 꾸준히 찾아왔다. 결혼 초에는 구색을 맞출 줄도 몰라 말도 안 되는 요리를 대접하기도 했다. 결혼 전 급하게 요리를 배우긴 했지만, 문제는 재료였다. 한국에서 구하기 쉬운 재료들이 왜 여기선 도통 잘 안 보이는 건지. 내가 배운 아름다운 집들이 요리의 필수였던 다마리 간장, 참치액과 온갖 청들을 어떻게 영국에서 구할 수 있겠나. 남편이랑 맛있게 먹은 요리가 있으면 인터넷에서 대충 그 요리의 레시피를 찾아서 해보던 시절이었다.

한번은 남편의 후배 선수들이 집에 왔다. 그날 남편이 좋아하는 매운 등갈비찜을 해주었는데, 다음 날 한 선수가 속이 안 좋았다는 걸 우연히 알게 되었다. 매운 걸 잘 먹는 우리와는 달리 그들에겐 음식이 너무 자극적이었던 것이다. 지금 선수들에게 음식을 해준다면 고단백 고영양의 담백한 메뉴를 골랐을 텐데, 아직도 머리를 뜯고 이불을 차는 미안한 기억이다.

재능을 타고 나질 못한 사람에게는 학습만이 유일한 희망이다. 남편은 항상 "괜찮아!"라고 하지만 이것이 내가 해야 할 일이 된 이상 대충 할 수는 없었다. 시간을 들여 애쓰고, 조리 도구 장만에 돈도 좀 (많이)

쓰고. 그러한 날들을 거쳐 이제는 어느 정도 경험과 데이터가 쌓이고 매뉴얼이 생겼다. 아이들이 오면 구비해 놓은 파스타나 돈가스를 내놓는다. 버밍햄의 이금민 선수는 모든 음식을 맛있게 먹어주지만 특별히 된장찌개에 들어간 두부를 좋아하니까 잔뜩 넣어 끓인다. 첼시의 전 감독이었던 디 마테오와 조이 부부가 올 때면 한국식 바비큐와 겉절이를 준비한다. 젊은 손님들은 대개 제육볶음, 치킨 같은 것을 잘 먹는 편이고, 우리보다 나이가 있으신 분들을 위해서는 보쌈, 갈비찜, 얼큰한 찌개, 다양한 전을 준비하면 무난하다. 작은 손님방에서 손님이 며칠 밤을 머물 때도 있다. 그러면 오기 전부터 이부자리를 정리하고 좋아할 만한 메뉴로 장을 보면서 마음이 기분 좋게 바빠진다. 런던 마트의 추천 아이템들, 요거트와 유제품, 특별히 맛있는 유기농 과일들을 찾아 냉장고를 채우는 일도 퍽 신이 난다.

재능도 없는 일에 이렇게까지 열심히인 이유를 꼽

자면, 첫 번째로는 내가 사람을 좋아하기 때문이다. 니코스 카잔자키스의 소설 《그리스인 조르바》에서 주인공의 할아버지는 나그네를 초대해 식사와 술을 대접하며 그의 이야기를 듣는 것을 즐긴다. 그렇게 함으로써 그들이 다녀온 세상이 곧 자신에게로 오는 일이라고 여기기 때문이다. 각각 다른 곳에서 온 나와는 다른 삶을 살고 있는 사람들과 이야기를 나누는 것은 언제나 흥미롭다. 그렇게 해서 겪어 본 적 없는 삶을 우회적으로 경험할 수 있다는 건 엄청난 행운이라고 생각한다.

또 다른 이유는, 내게는 반드시 '호의'로써 갚아야 할 빚이 꽤 있어서다. 누군들 그렇지 않겠냐마는 지금의 나는 많은 사람들의 선심 덕분에 이만큼의 내가 되었다고 생각한다. 엄마의 부재가 당연했던 어린 시절부터 나를 거둔 것은 주변 사람들의 한 숟갈 한 숟갈로 채워진 십시일반이었기 때문이다. 우리 외할머니와 유치원 선생님들, 나의 소중한 친구들과 그 친구들의 어질고 자애로운 어머니들. 하나 돌려받을 심산 없이

도 매번 품을 들여 챙겨주고 거들어 주신 그 마음들을 받은 기억들 말이다. 덕분에 나는 어긋나지도 그르지도 않게 그럭저럭 해롭지 않은 어른이 될 수 있었다. 이런 생각이 떠오를 때마다 나는 그 감사함을 혼자서는 감당하지 못해 벅찬 마음으로 기도를 한다. 그분들에게 하나님의 가호가 있기를, 축복이 따르기를.

남편도 마찬가지다. 소년출세하여 혼자 지내는 특수한 상황은 그를 충분히 거만한 사람으로 만들 수도 있었지만, 다행스럽게도 남편 주변에도 좋은 어른들이 많았다. 덕분에 남편은 자신을 몹시 특별하게 여기는 유난히 재수 없는 인간이 되는 대신, 다른 사람을 이해하고 그들의 인생을 존중하는 삶을 배웠다. 그리하여 소중한 사람들과 소박한 음식을 요리해 그것에 감사하며 먹고, 가족을 귀하게 여기며 서로의 안부를 돌보고, 다른 사람의 인생을 소중하게 여기는 사람이 된 것이다. 그리고 남편이 그런 사람인 덕을 내가 고스란히 보고 있으니, 그런 인과 관계를 모른 척할 수는 없다.

다음 달엔 남편이 네덜란드에서 지내던 시절, 남편을 가족처럼 보살펴 주신 영어 선생님의 아들인 규완이가 런던에 와 우리 집에서 지내기로 했다. 처음 봤을 때는 사춘기를 막 지난 청소년이었는데 벌써 학교를 졸업하고 일을 하고 있다고 한다. 그러고 보니 남편이 PSV 아인트호벤에 입단해 유럽 생활을 시작하던 그 나이쯤 되었을까. 그때의 규완이는 지금의 선우만 했을 것이다.

살다 보면 이런 신기한 일들이 있다. 눈에 보이지 않는 '마음'이 전수되고, 습인된 것이 드러나 그것을 목격하는 일 말이다. 그것이 아주 작은 일로부터 시작했더라도 살아서 여기까지 흘러온 이상, 더는 사소한 것이 아니게 된다. 그 인연은 이곳에 오는 동안 눈덩이처럼 점점 커져 이제는 어떤 굳센 운명이나 숙명이 되었다. 물리학에 에너지 보존의 법칙이 있듯이 호의라는 것도 분명 일정한 양이 보존되고 있다는 생각이 든다. 한참이고 거슬러 올라가 보아도 여전히 이 마음이 있었을 것임을 알 수 있다. 세상이 얼마나 엉망인지와는 상관없이 말이다.

　그러고 보면 더러 세상이 치사하고 더럽고, 가혹하고 참혹할 때가 있다. 이런 게 세상이라면 쫄딱 다 망해버려야 하지 않나 싶을 때가 한두 번이 아니다. 그럴 때면 인간이라는 존재가 있다는 것도 인간으로서 죄스럽게 느껴진다. 하지만 여전히 사람들이 서로를 아끼고 거두고 도와주고 하는 일들을 보면, 별수 없이 세상이 너무 좋아진다. 사람만큼 아름다운 것이 또 없다. 이 좋은 세상에서 내가 할 수 있는 거라면, 이 마음이 여기서 그치거나 멈추지 않도록, 받은 것을 다른 이에게로 건네주는 것이다. 그것은 사실 그다지 어려운 일이 아니다. 애초에 내 것이 아니기 때문이다.

우주,

좋아하세요?

어떤 만남은 운명을 결정짓는다. 청순한 얼굴로 "농구, 좋아하세요?"라고 묻는 소연이를 만나 청춘을 농구에 올인하게 된 강백호의 경우나, 중요한 순간에 골을 넣고 가슴팍의 엠블럼을 두드리는 축구선수의 모습을 본다든지, 머리카락 한 가닥 한 가닥이 살아 있는 듯 기깔나게 안무를 소화하는 아이돌을 보았을 때처럼. 나 같은 덕후들이 소위 '덕통사고'를 당한다고 표현하는 그것은, 자신의 의지나 누군가의 계획에 의해서 이루어지는 게 아니다. 그야말로 아무 잘못도 안 했는데 어느 날 그냥 넋 놓고 당하는 것이다.

덕후들의 특징이라면 도저히 혼자서는 벅차오름을 이기지 못해 주변인들에게까지 다소 강요하게 된다는 점이다. 좋아하는 것에 대해 더 많이 더 깊이 더 자주 이야기하고, 알리고, 퍼뜨리고, 나누고, 큰 소리로 떠벌리고 싶은데, 그것이 혼자만의 동력으로는 오래가지 못하기 때문이다. 끊임없이 덕메(덕질 메이트)를 찾아 영업하는 이유다. 내가 가족 단체 채팅방에 계속해서 방탄소년단의 레전드 연말 무대 모음 영상 같은 것을 보낼 때, 형부는 화성의 먼지, 흙 등을 담은 샘플이 로켓에 담겨 발사되는 영상이나, 목성에 딸린 위성 중 하나인 유로파에 탐사 로봇을 보내는 영상 같은 것을 올리곤 한다. 대부분은 "와아, 멋지네~" 정도의 영 마뜩잖은 호응만 오가는데, 최근 호기심이 많은 우리 집 둘째 선우가 관심을 보이기 시작했다. 외계인이 있는지, 화이트홀은 정말 존재하는 건지, 화성에 물이 발견되었는지를 자꾸 묻길래 "엄만 잘 몰라. 이모부한테 물어봐" 하고 떠넘긴 것이 시작이었다. 이제 자식들조차 별 흥미 없어 하는 우주 얘기에 누군가 관심을 보였다는 사실은 형부의 눈을 광기로 번들거리게 만들었다. 형부는 그 뒤로 자꾸 단체방에 우주 관련 영상을 보내면서 "선우가 좋아할 거 같아서 보냅니다~", "선우한테 보여줘~"라고 한다. 그냥 본인이 보내고 싶은 거 같은데 말이다. 이러다 보니 우리 집에 있는 우주 과학 관련 굿즈들이 벌써 한 상자다. 탐사 로봇이 그려진 티셔츠(가족별로 한 장씩), 형부가 참여한 프로젝트의 이름이 크게 박힌 티셔츠, 위성이 그려져 있는 야구 모자까지.

재작년 크리스마스에는 형부가 일하는 나사 캘리포니아 센터로 온 가족이 견학을 갔다. 나사는 헤드쿼터를 포함해 11개의 센터로 이루어져 있는데, 로켓을 발사하는 케네디 우주 센터, 무인 지구 탐사선을 개발하고 연구하는 고다드 우주 비행 센터, 그리고 무인 항성 탐사선을 비롯해 위성과 로봇을 만드는 제트 추진 연구소(JPL) 등이 있다. 형부가 근무하는 제트 추진 연구소는, 원래 미국 대학인 캘리포니아 공과대학교에서 사설로 운영하던 연구소를 나사에서 사들여 센터에 편입시킨 것이라고 한다.

다른 센터의 사정이야 모르지만 JPL은 정말 연구소답게 생겼다. 대학의 흔적이 남아 있어서 네모진 여러 동의 건물로 이루어져 있고, 겸손하고 심플하게 모든 건물을 번호로 부르고 있다. 언젠가 과학 박물관에서 본 큐리오시티, 퍼서비어런스 등 화성 탐사 로봇들이 주행하는 운동장이 없었다면 작은아빠가 오래 근속하신 대덕연구단지와 별반 달라 보이지 않을 것 같았다.

층고가 높은, 온통 하얀색으로 되어 있는 공간이 탐사선과 로봇 등을 조립하는 곳이라고 했다. 그제야 영화에서 튀어나온 듯한 온몸에 흰색의 무균복을 입은 사람들, 거대한 크레인과 무언가를 덮고 있는 흰 천막이 보였다. 거기서 완성된 로봇이나 위성, 로켓 들이 케네디 우주 센터로 옮겨져 발사되는 것이라는 이야기를 들었을 때는 마치 내가 보고 있는 것이 우람한 인큐베이터 같다고 생각했다. 그동안 얼마나 많은 사람들의 바람이 이곳에서 잉태되고 분열해 태어났을까. 얼마나 많은 꿈이 수포로 돌아가고 먼지가 되고 실패라는 딱지를 붙이고도 다시 생명을 얻어 우주로 나아가곤 했을까.

형부는 자신이 개발한 탐사선이 로켓에 실려 우주로 발사되는 모습을 보면, 그 순간 엄청난 감정이 밀려온다고 했다. 말로 설명하기는 어렵지만(당연하다. 형부는 이과생이다.) 희열, 벅찬 감동과 함께 매우 깊고 복잡한 마음이 든다고. 단순히 개인의 성취를 넘어, 전 세계 사람들과 함께 우주라는 무한한 가능성을 탐험하는 일에 한 인간으로서 참여하고 있다는 사실에 벅찬 자부심이 느껴진다고 말이다.

형부만큼 우주에 인생을 걸지는 않았더라도, 밤하늘에 매료되는 신비로운 경험은 살면서 한 번쯤 해보았을 것이다. 아마도 인류가 존재해 온 역사만큼이나 길게 이어져 온 인습 같은 것이 아닐까. 그것은 볼 것도 할 것도 많은 낮엔 어지간해서는 느낄 수 없다. 사방이 캄캄해지고 고요하면 그때야 별이 보이고 하늘이 보이고 세상이 보이고 그 안에 존재하는 내가 느껴진다. 스푸트니크가 우주로 향하기 전부터, 탐사선이라는 도구가 없을 때도, 우주라는 것을 몰랐을 때에도 인간들은 하늘을 바라보며 다른 세상을 상상하였다. 인간이 아닌 존재에 대해 생각했다. 그리고 그 신묘한 세계와의 조우를 꿈꾸어 왔다.

거대한 폭포수나 산 중턱에만 올라도 사람이 볍씨만큼 작고 옹졸해 보이는데, 한없이 무한하고 더없이 영원한 우주에서 본다면 세상의 모든 것이 얼마나 사소할지 나는 알지 못한다. 이 순간에도 우주는 계속 팽창하고 태어나는 중이라고 하니, 우리 인간들이 무엇을 한다 해도 우주는 그저 독야청청 침장하게 존재할 뿐인 것이다. 우주는 끝이 없고 우리는 유한해서 결코 그 비밀이나 전부를 파악하고 해석하지 못할 테지만, 그걸 알면서도 인간이라는 존재는 희망을 가지고 꿈을 꾼다. 밤하늘을 바라본다.

무엇이 인간을 감히 웅장해지게 하는 걸까. 약하고 때론 악하고, 부족하고, 부실하고, 궁하고, 가여운 우리가 무얼 믿고 찧고, 까불고, 도전하며, 구르고도 다시 한번 대거리하는 걸까. 그것은 아마도 사람의 힘으로는 어찌할 수 없는 '좋아하는 마음'일 것이다. 산속 옹달샘의 물처럼, 밤하늘에 총총히 박힌 별처럼 무엇을 좋아하는 마음은 인간이 가질 수 있는 마음 가운데 가장 순수한 것이다. 그리고 순수한 것은 강하다. 그 무구하고 천진한 마음이, 변화를 일으키고 인류가 진보하도록 하며 더 나은 세계를 만들어 가는 일이라고 나는 믿는다.

이 글을 끝맺는 데에, 형부가 우주에 대해 꿈을 키우게 한 천문학자가 남긴 말만큼 적절한 문장은 없을 것 같다.

'우리처럼 작은 존재가 이 우주의 광대함을 견디는 방법은 오직 사랑뿐이다.' (칼 세이건)

작은
*
태양들에게

　새파란 하늘이 눈부시게 펼쳐진 초여름날, 딸 연우의 운동회가 열렸다. 연우가 다니는 초등학교는 동네의 여자 학교인데, 공부도 운동도 열심히 시키는 곳으로 정평이 나 있다. 우리나라에서 청군과 백군으로 나뉘어 운동회를 하듯, 영국의 학교에서는 운동회나 스포츠, 음악 경연 등 팀별 경쟁이 있을 때 보통 빨강, 초록, 노랑 등 각기 상징색을 지닌 'House'라는 네 개의 팀으로 나뉘어 겨룬다. 해리 포터의 네 기숙사 그리핀도르, 슬리데린, 후플푸프, 래번클로처럼 말이다. 연우가 속한 팀은 빨간색을 상징으로 하는 '레드 오스틴'으로, 영국 작가 제인 오스틴의 이름을 딴 하우스다.

입학하고 처음 몇 년간은 숟가락으로 달걀 옮기기, 포대 자루에 들어가 점프하기 같은 아기자기한 게임을 했는데, 열 살에 가까워지니까 멀리뛰기, 높이뛰기, 던지기 등 제법 스포츠다운 것을 하는 모양새다. 연우는 엄마 아빠가 왔는지 확인도 않고 엄청 몰입해서 게임을 한다.

결승선을 노려보며 입을 앙다문 채 팔을 앞뒤로 힘차게 휘두르며 뛰는 소녀들을 본다. 자세는 제각각이지만 눈빛만은 매섭기가 마찬가지다. 줄다리기를 할 때는 머리가 산발이 되거나 말거나 줄을 조금이라도 제 쪽으로 끌어오기 위해 온몸으로 매달린다. 높이뛰기를 하려는 아이들은 팔다리 근육이 바짝 서 있다. 응원을 할 때는 목청껏 구호를 외치며 껴안고 깡충깡충 뛴다. 모처럼 맑은 런던 하늘에 그보다 더 말간 웃음소리가 울려 퍼진다. 여자애들의 웃음소리에는 특별한 힘이라도 있는 걸까. 그 소리가 아무리 커도 좋다.

조숙한 편이었던 나는 저만 할 때 체육 시간이 싫었다. 늘 불편하고 마음이 바빴다. 남녀 공학에 다니면서 남을 먼저 의식하느라, 땀을 흘려 앞머리가 이마에 붙는 것도 싫었고, 얼굴이 일그러질 때까지 철봉에 매달리는 것도 안 해봤다. 뒷 구르기를 하다가 맨 등이 보여 주목을 받거나 속옷이 보여 놀림 받기는 죽기보다 싫었다. 그래서 매트에 머리만 대고 구르지를 않아 C를 받은 적도 있었다. 주머니에는 늘 손거울을 넣고 다니며 혹여나 앞머리가 갈라지진 않았는지, 얼굴이 심하게 번들대진 않는지 신경 썼다.

다른 사람 눈에 내가 어떻게 보일지를 신경 쓰느라 나는 내가 얼마만큼 빨리 될 수 있는지를 알지 못했다. 그때가 내 인생 전체를 통틀어 가장 빨리 될 수 있는 때였는데도. 온 힘을 다해 매달리면 어떻게 되는지를, 목부터 허리, 엉덩이의 근육을 써서 균형을 잡고 매트 위에서 안전하게 구르는 방법을 못 배우고 어른이 되고 말았다. 남들이 보는 내 몸은 낱낱이 뜯어본 주제에 진짜 내 몸이 할 수 있는 것들은 모르는 채로 말이다. 그건 거울을 암만 들여다본다 해도 알 수 없는 것들이었으니까.

학창 시절 여자애들은 얌전히 그늘에 앉아 남자애들이 땀 흘리며 축구하는 모습을 지켜보고, 체육 시간과는 담쌓고 지내는 게 원래 그런 건 줄로만 알았다. 그런데 이제 보니 그게 아니었던 모양이다. 얼굴이 새빨개진 채 이마에 땀이 절은 머리카락을 다닥다닥 붙인 연우가 저 멀리에서부터 소리치며 나에게 달려온다. "엄마! 나 멀리 던지기 일등 했어!" 그 순간 나는 연우가 몹시 아름답다고 생각한다. 스스로가 자랑스러워 웃는 사람의 얼굴이 어디까지 빛이 날 수 있는가에 놀란다. 날 닮은 작은 여자애가 아니라, 꼭 작은 태양같이 눈이 부시다.

자랑스러운 내 딸을 바라보며 어린 시절의 나를 그려본다. 한 번도 본 적 없는, 전속력으로 달리는 어린 나의 모습을. 어쩌면 나도 멀리 던지기를 잘했을지도 모른다. 어쩌면 나도 지난번보다 빨라진 달리기 기록에 기뻐할 수 있었을지도 모른다. 한 번도 저런 얼굴로 웃어본 적이 없던 나에게, 스스로를 자랑스러워할 수 없었던 어린 여자애에게, 이제야 미안하다는 말을 건네본다.

마더랜드로

*

가는 길

빨리 빨리 빨리! 늦는다 늦는다 늦는다 늦었다!

엄마가 두 아이를 성급히 차 뒤 칸에 밀어 넣는다. 덜컹덜컹 과속 방지턱을 지날 때마다 아이들은 높이 튀어 오르고, 엄마는 쉬지 않고 도로 상황에 대해 불평한다. "도대체 신호등을 왜 여기다 설치한 거야, 젠장!" 허둥지둥 차에서 내려 아이들을 데리고 교실로 질주한다.

그런데 웬일인지 학교는 고요하기만 하다. "무슨 일이시죠?" 어리둥절한 표정으로 선생님이 말한다. "저런! 어머님께서 오늘부터 하프텀(학기 중간에 있는 짧은 방학)인 걸 잊으셨군요." 아이들을 학교에 데려다 놓고 출근해야 하는 엄마는 그야말로 미쳐버리기 일보 직전. 남편에게 전화를 걸었더니 "걱정 마, 언제나 내가 당신 뒤에 있다는 걸 잊지 마"라는 말뿐인 위로로 화를 돋운다. 기댈 구석인 친정엄마를 찾아가지만 이젠 더 이상 손자 손녀를 봐줄 수 없다며 파업을 선언한다. 엄마는 그만 아이처럼(이라기보다는 한 마리의 짐승처럼) 울부짖는다. "흐어어엉!!!"

영국의 인기 시트콤 〈마더랜드〉의 첫 번째 에피소드는 이렇게 시작한다. 마더랜드는 영국의 공영 채널 BBC 2에서 방영한 코미디 드라마로, 2015년 일회성 파일럿 프로그램으로 제작되었다가 뜨거운 반응과 호평을 얻어 드라마로 만들어졌다. 처음엔 그저 영어 공부를 위해 보기 시작했는데, 요즘은 이 프로를 보려고 아이들을 서둘러 재울 만큼 큰 즐거움이 되었다.

마더랜드는 제목에서 알 수 있듯 엄마들의 이야기다. 아이들의 생일 파티를 몇 달 전부터 준비하고, 학교 자선 행사에 참가하고, 돌아가면서 플레이데이트(친구 집에서 노는 것)를 계획하는 중산층의 '알파 맘'들과는 조금 동떨어진 등장인물 세 명이 주요 캐릭터로, 줄리아는 정신없이 바쁜 워킹맘이고, 리즈는 터프한 싱글맘, 케빈은 괴짜 같은 성격을 가진 하우스 허즈번드(가사와 육아를 도맡은 남편)이다.

절대 속마음을 시원히 말하는 법 없는 영국 엄마들에게 솔직하고 거침없는 이 캐릭터들은 괴상한 '아싸' 취급을 받으며 배척당한다. 그러나 방학, 생일 파티, 이혼, 질병 등 여러 사건과 이슈를 겪으면서 알파 맘의 여왕벌 격인 아만다와 그의 추종자 앤, 그리고 육아와 일을 모두 잘 해내는 멕까지 다양한 모습의 엄마들이 어울려 갈등을 빚기도 하고, 서로 의지도 하며 독특한 우정을 쌓아간다.

시트콤은 과장된 연기와 코믹한 에피소드로 구성되어 있지만, 제1 양육자로서의 역할과 수십 년간 내 모습으로 여기며 살아온 자아 사이에서 고군분투하는 여성들의 모습을 매우 현실적으로 그려낸다. 주인공인 줄리아는 능력 있는 홍보 대행사의 마케터이지만 딸의 생일 파티는 망쳐버리고 만다. 학교에서는 매일 지각하는 엄마이고, 다니는 회사에서는 잦은 결근으로 눈치 보는 나날의 연속이다. 회사를 그만둔 뒤에도 다르지 않다. 프리랜서로라도 경력을 이어가려 하지만 아이들이 원하는 엄마와 학교가 기대하는 학부모, 친정엄마를 돌봐야 하는 딸이라는 과중한 역할들이 줄리아의 시간을 빚쟁이처럼 독촉한다. 결국 엄마라는 사람들은 어떤 선택을 해도 완벽하지 않은 결과를 받아들일 수밖에 없는 것이다. 영국 일간지 〈인디펜던트〉는 이 시트콤을 '맘스넷의 시트콤화'라고 표현했다. 맘스넷(Mum's net)은 결혼, 임신, 출산, 육아, 교육 등 엄마에게 필요한 모든 정보가 모여 있는 영국의 인터넷 커뮤니티인데, 한국으로 치면 결혼 혹은 임신과 동시에 여성들이 홀린 듯 가입하게 되는 지역 커뮤니티나 네이버 맘카페 정도에 해당할 것이다.

엄마가 되는 과정은 외롭다. 가까웠던 친구도, 사랑하는 가족도 같이해 줄 수 없는 일이기 때문이다. 검은 머리 파뿌리 될 때까지 함께하겠다고 약속한 남편도 출산에 대한 두려움, 육아에 대해 느끼는 부담감이 나와는 같지 않아 보이고, 입덧으로 밤을 지새울 때도, 칭얼대는 아이 소리에 놀라 후다닥 잠에서 깨어날 때도 주로 혼자이니까. 마더랜드로 가는 길은 오롯이 홀로 겪어내야 할 고독한 일인 걸까.

얼마 전 몸이 아파 며칠 아이들 학교에 얼굴을 비치지 않았는데, 약 먹고 한숨 자고 일어났더니 아이들의 친구 엄마들에게서 문자가 와 있어 놀랐던 적이 있다. "혹시 휴식이 필요하면 애들을 돌봐줄 테니 연락 줘", "뭐라도 도움이 필요하면 얘기해"라며 문자를 보내온 것이다. 독일인 엄마부터 일본인 엄마까지 인종도 다양했다. 어려운 사람을 모른 척하지 못하는 오지랖과 따뜻한 '정'은 한국인들만의 전유물인 줄 알았는데 말이다.

그러고 보면 영국의 '맘스넷'에서도 그렇다. 친한

친구에게도 쉬이 털어놓기 어려운 민감한 이야기, 지극히 개인적인 경험이 자세히 공유된다. 구하기 어려운 약을 무료로 나누기도 하고, 얼굴 한 번 못 본 아기의 응가까지 심각하게 들여다본다. '모유 먹으면 원래 묽은 변을 봐요' '저희 아이랑 똑같네요' '장염인 것 같아요' '유산균을 먹였더니 나아졌어요' 등등 각자의 경험을 바탕으로 한 처방도 부지런히 오간다. 나에게도 아이가 고열에 시달릴 때 타이레놀, 이부프로펜 계열의 약을 두 시간마다 교차 복용하는 법을 알려준 '인친' 엄마가 있었다. 39도가 넘는 열이 한풀 꺾이고 마침내 아이가 잠들었을 땐 정말이지 그 엄마가 있는 방향으로 절이라도 하고 싶었다.

   철마다 찾아오는 감기, 수족구, 눈병과 돌아보면 눈앞에 들이닥쳐 있는 긴긴 방학, 시험 기간, 사춘기! 엄마에게 밀려오는 적군은 한도 없고 끝도 없다. 마더랜드에는 "어떤 엄마도 놓고 가선 안 돼!(No mum left behind!)"라는 주인공들의 구호가 나온다. 아이들과의 단체 여행을 계획하며 평소에 '재수 없게' 구는 여왕벌 아만다를 빼고 가자는 말에도 "No mum left behind!", 술에 취해 진상을 부리는 멕을 챙기면서도 "No mum left behind!"라고 외친다.

  엄마가 된 이후로 이미 많은 것에서 뒤처지고 있는 여성들이 부족한 서로를 이고 지며 함께 나아가는 모습은 눈물겹다. 우정이라기엔 너무나 치열하고, 사랑이라기엔 조금도 달콤하지가 않지만 어떻게든 아이들을 키워내려는 '나도 엄마가 처음인' 엄마들의 연대, 그것은 차라리 전우애에 가까울 것이다. 이 시대를 살아가는 엄마들에게 뜨거운 응원을 보내며, 오늘 하루도 건승하시길!

예술과 예술이

아닌 것

　얼마 전 나의 여행 메이트인 민정 언니와 베를린으로 향하던 중, 비행기에서 유튜브 쇼츠 영상 하나를 보았다. 파도가 치는 바다 위에 떠 있는 큰 요트를 고래가 입을 벌리고 삼키려고 하는 장면이었다. 배는 거의 뒤집어지기 직전으로 물보라가 이리저리 튀었고, 갑판에 있는 사람들도 우왕좌왕하고 있었다. 마찬가지로 영상을 찍는 사람을 비롯해 그 장면을 바라보는 사람들은 모두 경악하며 소리를 지르고 있었다. 그 아비규환의 영상을 보면서 나는 완전히 겁을 먹었다. 다음 달 몰디브에 가족여행을 갈 예정으로, 돌고래와 고래를 보러 먼바다로 나가는 작은 배도 예약해 놓았기 때문이다. 남편에게 문자로 그 영상을 보내고 배를 취소하자고 말하려는데, 조그맣게 써진 문장이 눈에 들어왔다. '이 비디오 클립은 인공 지능으로 만들어진 영상입니다.'

아니 이럴 수가! 인공 지능이 만든 영상은 진짜와는 어딘가 달라서 '불쾌한 골짜기(Uncanny valley)'가 느껴진다고 하던데, 놀라서 몇 번이나 반복해서 보았지만 이상한 느낌은 골짜기는커녕 얕은 구덩이만큼도 느껴지지 않았다. 완전히 깜빡 속은 것이다.

AI가 일상에, 직업 세계에 지각 변동을 일으키는 것을 우리는 이미 경험하고 목격하고 있다. 그동안 특수한 교육을 받거나 혹은 훈련된 소수만이 지닌 기술이었던 '머릿속에 있는 것을 구현해 내는 능력'은 이제 보편화되었다. 인간의 고유한 활동으로 여겨지던 창작마저도 AI로 대체가 가능해진 마당에, 입력할 아이디어만 있으면 누구라도 아티스트가 될 수 있는 세상이 도래한 것이다. 앞으로 예술은 어떻게 될까?

베를린에서의 첫 일정은 세계 최고의 오케스트라라고 하는 베를린 필하모닉의 연주를 듣는 것이었다. 최상의 어쿠스틱을 갖춘 베를린 필하모니 좌석에 앉아 공연이 시작되기를 기다리면서 나는 여전히 인공지능에 대해 생각하고 있었다. 이미 AI에게 많은 자리를 내어준 시각 예술보다야 훨씬 안전한 위치에 있다고 하는 클래식 음악이라지만, 로봇이 첼로 연주자로 오케스트라에 합류해 스웨덴의 말뫼 라이브 콘서트홀에서 콘서트를 하기도 했으니 어쩌면 앞으로 AI 지휘자가 지휘를 하는 날이 올지도 모른다. 각 단원들의 컨디션과 능력을 수치화하고 관객들의 감응 정도를 실시간으로 반영해 지휘를 하는 식이라면 어떨까. 전설적인 지휘자인 토스카니니나 카라얀의 스타일을 지금에 와 재현할 수도 있겠지. 그런 작품은 과연 우리에게 어떻게 들릴까? 단원들 역시 저마다 뛰어난 능력치로 설정된 로봇들이 연주를 한다면. 그래서 관객의 기대가 얼마나 크건 간에 그에 부합하는 완벽한 연주를 기복 없이 선보인다면, 사람들은 어떻게 받아들일까?

   그런 생각들을 하고 있는데 박수가 터져 나왔다. 지휘자가 등장하고 있었다. 옆에 앉은 노신사가 귀에 있던 보청기를 정돈한 후 눈을 감고서 감상할 준비를 마쳤다. 첫 곡은 강렬하게 돌진하는 도입부가 인상적인 레오시 야나체크의 '운명'이었다. 음향이 뛰어난 공간 덕분인지 아니면 세계 최고의 오케스트라여서인지 첫 음부터가 달랐다. 음악에 대해 잘 모르지만 그래도 유럽의 수준 높은 공연들을 찾아다녔는데도, 그동안 들어왔던 소리와는 해상도부터가 다른 세계였다. 악기들의 소리가 하나하나 귀에 꽂히는 듯하다 와르르 뭉개지고 퍼지고 흩어졌다 촘촘하게 모이고 튀어 오르고 터지고 정신을 쏙 빼놓았다. 소리들의 움직임이 하도 생생해 눈앞에 펼쳐지는 듯한 착각이 들 정도였다.

아니, 어쩌면 정말로 보이는 것을 소리로 느끼고 있는지도 몰랐다. 나는 솜씨 좋은 투수에게 타이밍을 빼앗긴 타자처럼 멍하니 입을 벌린 채였다.

베를린 필하모닉의 상주 음악가인 피아니스트 조성진이 연주하는 베토벤 피아노 협주곡 '황제'를 들을 때는 주먹을 꽉 쥐고서 나도 모르게 미간에 힘이 잔뜩 들어갔다. 클래식 애호가들이 들으면 기겁할 비유인지 모르겠지만, 그것은 한 편의 아주 잘 연출된 차력쇼 같았다. 열정적인 지휘자부터 피아노, 플루트, 마림바, 바이올린, 비올라… 각각의 악기들이 마치 연주자의 혼이라도 빨아들여 소리를 내는 것 같은 그 장면이 나 같은 문외한에게는 목숨을 건 불쇼나 사슬 끊기, 이로 트럭 끌기를 연상시킬 정도의 에너지가 느껴졌던 것이다. 피아노의 건반은 그렇게 몰아치고 부술 것같이 굴다가도 순식간에 숨결을 얼려 만든 얼음 궁전처럼 곱고 세밀한 소리를 내었다. 그 순간엔 시간도 숨을 참는 것만 같았다.

우리가 감상한 이틀간의 연주 중 마지막 날에는 생

중계를 위해 공연장 곳곳에 카메라가 설치되어 있었다. 나는 카메라에 이 소리와 느낌이 얼마나 담길지를 가늠해 보았다. 평소에 4K로 보는 콘서트 실황이나 클래식 라디오에서 표현되는 소리와 비교해 보면 그것들을 같은 것이라고 할 수는 없었다. 뭐랄까, 그 차이는 도토리와 느티나무만큼이라고 해도 부족했다. 그야말로 차원이 달랐다.

아무리 기술이 발달하고 한계를 뛰어넘는다 해도, 구현과 실재의 차이는 그런 것인지 모른다. 많은 사람들이 이제는 인공 지능이 시각 예술을 완벽하게 구현해 낸다고들 한다. 하지만 그것이 '잘' 만든 작품은 될 수 있어도 '좋은' 작품이 되기는 더욱 어려울 수 있다. 우리가 예술 작품을 보면서 감동을 받는 이유는 완벽한 형태와 구도 때문만은 아니기 때문이다. 피카소는 뛰어난 데생 능력을 가진 화가이지만, 우리가 그를 특별히 인정하고 기리는 이유는 그것뿐만은 아니다. 그가 미술사를 뒤집은 혁신자이자, 그의 작품이 인류에 영감을 주었기 때문이다. 우리는 단지 잘 만들어진 훌륭한 결과물만을 사랑하는 것이 아니라 그 결과에 이르기까지의 과정, 그러한 결과를 가능하게 한 인간, 그것을 둘러싼 다이내믹을 찬미한다.

베토벤의 일화 중 아주 좋아하는 이야기가 있다. 말년에 귀가 거의 들리지 않았던 베토벤이 사람들 앞에서 자신의 곡을 연주하게 되었는데, 악보에 pp(아주 여리게)라고 표시된 부분에서 건반을 너무 살살 친 나머지 아무 소리가 나지 않았다. 이상하게 여긴 사람들이 베토벤의 얼굴을 쳐다보았다. 그때 그의 얼굴을 본 사람들이 모두 눈물을 흘렸다고 한다. 노작곡가는 가장 여리고 아름다운 음을 연주하며 그 누구보다 황홀한 표정을 짓고 있었다. 자신이 누르는 건반이 아무 소리를 내고 있지 않다는 것을 알지 못한 채, 상상 속의 여린 음을 듣고 있었던 것이다.

나는 베토벤의 곡을 들을 때마다 아주 어렸을 때 들은 이 이야기를 잊지 않고 떠올린다. 지금은 이 세상에 존재하지 않지만, 늙어 망가져 가는 육신의 한계를 지닌 인간을 음악을 통해 느낀다. 평생을 음악에 바치며 비로소 위대해진 베토벤에 대한 경외와 연민과 감동을 말이다.

 인공 지능이 만들어 낸 결과물이 제아무리 흠 잡을 데 없이 훌륭해도, 그것을 예술이라고 여길 수는 없다. 창작자의 삶이 창작물에 진정성 있게 녹아들었을 때, 그리하여 작품을 구성하는 모든 것이 나에게 와닿을 때 그 작품은 마침내 강력한 설득력을 가진다. 우리는 그런 작품을 '좋은 작품'이라고 여기며 추앙하게 된다. 말년의 베토벤의 연주가 완벽과는 거리가 멀어도 사람들의 마음을 움직였듯이 말이다.

 작품이 창작되어 감상자에게 이르는 과정을, 공장에서 제품을 생산하듯 분리되는 공정으로 여길 수는 없다. 심혈을 기울인 창작물의 어떤 요소가 유독 감상자의 마음을 파고들어 그 안의 무언가를 자극하는지, 그 화학 작용이 눈에는 보이지 않지만 분명히 존재한다. 언젠가 내가 이런 말을 섣불리 했다고 고백할지 몰라도, 이러한 경험과 주관을 갖는 것은 인간만의 고유한 것이다. 그것이 때로 초라하고 비루한 꼴을 하고 있다고 해도, 나는 그것을 예술이라고 생각한다.

어른이 되지 못한

어른들에게

공연 문화가 발달한 런던이기에 여행을 오는 사람들이 자주 묻는다. "런던에 가면 뭘 봐야 해?" 서울이나 뉴욕에 비해 런던은 오페라와 발레, 클래식 공연의 티켓 값이 월등히 저렴하기에 공연 보기에 좋은 도시이긴 하다. 유명 지휘자, 연출자, 예술가의 퍼포먼스를 직접 접할 기회도 많다. 한국에선 티켓 구하기가 거의 불가능에 가까운 피아니스트 조성진이나 임윤찬의 공연도 '광클'하면 티켓을 구할 수 있다(장담은 할 수 없다. 이들의 연주는 유럽에서도 인기가 엄청나다). 하지만 런던 여행을 아이들과 같이 오는 경우라면, 두말할 것 없이 뮤지컬을 추천하고 싶다.

뉴욕에 브로드웨이가 있다면 런던엔 웨스트엔드가 있다. 뮤지컬은 브로드웨이의 대명사로 쓰이지만, 사실 런던의 뮤지컬 공연들도 정통성으로 보나 공연의 다양성, 퀄리티로 보나 부족함이 없다. 4대 뮤지컬 중 하나인 〈레미제라블〉이나 〈캣츠〉도 훌륭하고 〈위키드〉도 인기가 많지만, 아이들과 함께 런던에서 볼 수 있는 가장 영국적인 뮤지컬이라면 아무래도 〈마틸다〉가 아닐까?

마틸다는 《찰리와 초콜릿 공장》의 저자로 우리나라에서도 유명한 로알드 달의 소설을 원작으로 한다. 영국엔 로알드 달을 기리는 '로알드 달 데이'가 있고, 학교에서 그에 대해 배우는 시간도 따로 있을 정도니 아동 문학의 셰익스피어라고 할 만하다. 그중에서도 마틸다는 영국 어린이들이 좋아하는 책 다섯 권 안에 꼽

힐 만큼 인기가 있는 작품으로, 덕분에 영국에서는 딸의 이름을 '마틸다'라고 짓는 경우도 많다. 원작에 뮤지컬적인 요소들을 추가하고 각색해서 제작된 뮤지컬 마틸다는 올리비에 상의 모든 열 개 부문 후보작에 올라 최우수 신작 뮤지컬 상, 여우 주연상, 남우 주연상, 감독상, 안무상 등 일곱 개 부문에서 수상한 것을 비롯, 토니상에서는 다섯 개 부문에서 수상하며 국제 시상식에서 총 백한 개의 트로피를 받은 전설적인 작품이다.

　뮤지컬 작품을 중심으로 한 내용은 이렇다. 주인공 마틸다 웜우드는 누구나 첫눈에 영재를 넘어 천재인 것을 알아챌 수 있을 정도로 뛰어난 소녀다. 세 살 때 집에 있던 신문과 잡지를 독학했고, 네 살이 되면서는 지식에 대한 갈망으로 책을 탐독하기 시작했을 정도다. 그러나 불행은 부모만이 그 사실을 모른다는 것으로, 딸에게 무관심한 나머지 언제나 마틸다를 'Son(아들)'이라고 부르며 학교에 갈 나이가 넘었는데도 보내지 않는다. 스스로 아장아장 걸어 도서관에 다니며 도서관 사서와 우정을 쌓고 독서를 통해 슬픔을 치유하는 마틸다, 그런 마틸다에게 부모는 "책을 읽다니 머리가 어떻게 된 것 아니야?"라고 소리치고는 TV나 보라며 책을 다 찢어버린다. 마틸다는 초등학교의 선생님 '미스 허니'의 도움을 받아 학교에 입학하게 되는데, 설상가상으로 학교의 교장 미스 트런치불은 엄격한 규율을 빌미로 어린 학생들을 억압하고 학대하는 사악한 인물이다. 마틸다는 자신의 특별한 재능과 능력을 알아본 유일한 어른인 미스 허니와 함께 교장을 몰아내고 새로운 시스템의 학교를 만들어 나간다.

마틸다(Matilda)라는 이름의 어원은 게르만 여성의 칭호 'Mahthildis'의 영국식 형태로 '전투에서 강한 전사'라는 의미가 담겨 있다. 어원처럼 마틸다는 작은 소녀가 세상에 맞서는 이야기다. 실제로 마틸다와 친구들은 열 살 안팎의 어린 소년과 소녀가 연기한다. 성경의 다윗과 골리앗의 이야기로부터 영감을 받은 이 작품은 영국의 아이들이 학교를 다니기 시작하면서 배우는 가장 중요한 프레이즈, 'Stand up for yourself!'의 모습을 보여준다. 거기에는 스스로를 위해 일어나고 서로를 지지하며 변화를 이끌어 내는 모습이 담겨 있다.

 대다수 잘 만들어진 작품이 그렇듯 마틸다를 보면 아이들은 즐거워하며 웃고 어른들은 깨달음을 얻는다. 흔히들 쉽게 이야기하는 "아이들은 시끄러워, 정말 거슬리는 존재야!"라는 말이 아이들 입장에서 얼마나 두렵고 무서운 것인지를 관객은 끔찍한 인간상인 트런치불 교장을 통해 느끼게 된다. 영국 초등학교의 종업식 노래로도 자주 불리는 'When I grow up(내가 어른이 되면)'이 흘러나올 때는 아이를 데리고 온 부모들의 눈가가 어김없이 촉촉해진다. 정신적, 육체적으로 학대받는 마틸다의 고군분투를 함께하는 관객은 마틸다의 친구들이 부르는 "내가 어른이 되면 아무리 TV를 봐도 눈이 네모로 되지 않겠지. 군것질을 마음껏 해야지"라는 가사를 들으며 아이들만이 빌 수 있는 이 하찮은 소원들이 얼마나 아이답고 사랑스러운 것인지를 깨닫는다. 작품의 클라이맥스에 'Revolting children(전복시키는 아이들)' 넘버가 흘러나올 때는 모두가 짜릿함에 환호하고 손뼉을 치며 발을 구를 수밖에 없다. "조금 말 안 듣는 아이가 되어도 괜찮아, 우리의 권리를 위해서"라고 입을 모아 노래를 부른다. 우리가 어른인 것도 잊고서.

우리 가족은 뮤지컬 마틸다를 두 번 관람했고 넷플릭스에 올라와 있는 영화는 세 번 정도 봤다. 토요일마다 다 같이 모여 영화를 보는 '패밀리 무비나잇'을 하는데, 어떤 영화를 볼지 정할 때 항상 오랜 시간이 걸리지만 마틸다는 실패하는 법 없이 모두가 좋아하기 때문이다. 아이들도 이쯤에서 어떤 대사가 나오고 어떤 음악이 나오는지 알고 있지만, 볼 때마다 무서워 눈을 가리고 큰 소리에 놀라고 마틸다의 활약에 환호한다. 엄마 아빠인 우리도 마찬가지다. (미스 허니를 제외하고는) 하나같이 끔찍한 어른들을 보면서 같은 어른으로서 분노하지만, 미스 트런치불이 눈을 희번덕거리며 아이들을 겁주는 장면에서는 아이가 된 것처럼 겁이 나 몸을 움츠린다. 어릴 적 느꼈던 불편한 감정들이 속이 메스꺼울 정도로 생생하게 되살아난다.

멀쩡해 보이는 어른이라도 그 속에는 모두 트라우마를 간직한 어린아이가 있다고들 하지 않나. 이 글을 시작하며 '아이들과 함께 볼 공연으로 마틸다를 추천한다'라고 한 말을 정정하고 싶다. 어른에게도 마틸다가 필요하다. 이유도 모른 채 무서워 어른들 앞에서 고개를 끄덕였던 기억, 아직도 이해할 수 없는 부당한 이유로 수없이 맞고 혼나고 깨진 채로 어른이 된 우리. '착한' 어린이가 되라고 하지만 결국 '말 잘 듣는' 어린이가 되어야 했던 기억을 가지고 있는 사람들 말이다.

괜찮다고 하고서 몰래 훌쩍이는 마음속의 어린이들을 위해 마틸다와 미스 허니는 말하듯 노래한다. "인생이 정정당당하지 않다고 해서 언제나 억지로 웃고 견뎌야 한다는 뜻은 아니야. 가끔은 말썽꾸러기가 되어도 괜찮아!"

4장

*

익숙하고
낯선
런던에서

루나
*
뉴 이어

런던은 인종의 용광로라고 하기에 딱 맞는 도시다. 다양성의 상징인 미국이라는 나라에도 상대적으로 부족한 중동이나 러시아 인구까지 많으니, 다양성을 이야기하기에 이만큼 적합한 도시도 드물 것이다. 이 때문에 다양한 억양의 이민자 영어, 같은 영국인들끼리도 알아듣기 힘들다는 사투리까지 더해져 서툰 영어를 구사하는 일이 특별히 부끄럽거나 유별난 일이 아닌 것은 참으로 다행이다.

특히 우리 아이들이 다니고 있는 학교에는 다양한 문화적 배경을 가진 아이들이 모여 있다. 그러다 보니 학교에서도 전 세계의 명절을 축하한다. 힌두교의 축제인 '디왈리', 미국의 '추수 감사절', 이슬람교의 '라마단'까지. 그 나라의 인사말로 안부를 건네고 기념하며 서로 다른 문화에 대해 배우고 체험하는 기회로 삼는다. 그러나 설날을 두고는 곳곳에서 약간의 잡음이 발생하기도 한다. 설날이 중국의 가장 큰 명절이다 보니 애초에 'Chinese New Year'라고 알려진 탓이다. 하지만 최근 몇 년 사이 한국 문화의 강세로 한국이라는 나라의 존재감이 커지면서, 이제는 공공 기관 등에서도 'Lunar New Year'라고 부르는 경우가 크게 늘었다.

딸 연우가 입학한 해에 학교 학생 중 꽤 많은 비중을 차지하는 중국 학생들의 엄마들이 모여서 Chinese New Year 행사를 준비한 일이 있었다. 학교에 중국 설을 기념하기 위해 빨간 등을 달고 중국 설을 축하한다는 게시물도 올렸다. 그 사실을 나중에 안 나는 행사를 주도한 엄마에게 연락을 취했다. 그땐 꽤 젠틀하게 영국식으로 말했다. '여러분이 준비한 행사 잘 보았어요. 정말 멋지더군요. 소녀들이 정말 즐거운 시간을 보냈겠어요. 수고해 주셔서 정말 감사합니다. 참, 아마도 당신이 잘 몰라서 그랬을 거라고 생각하지만 한국도 음력 설을 축하하거든요. 베트남이랑 태국과 마찬가지로요. 혹시 다음에도 이런 행사를 생각하고 있다면 저에게도 알려주시면 좋겠어요. 아이들에게 잘못된 정보를 주어선 안 되니까요. 친애하는 민지.'

그녀는 나에게 한국이 음력 설을 기념하는지 몰랐다며, 내년에는 함께 준비하자고 답을 보내왔다. 내심 영어로 프레젠테이션을 해야 할지도 모른다는 것에 부담을 느꼈지만, 응당 내가 해야 할 일이니 그러마, 했다. 그리고 1년 후, "혹시 이번에도 행사를 준비할 계획이 있나요?"라고 물었더니 아마도 이번에는 조용히 넘어갈 것 같다고 했다. 그날의 솔직한 심정으로는 나설 필요가 없어 다행이다 싶었다.

그런데 음력 설 전날, 그 엄마에게서 문자가 왔다.

너무 급하게 준비하느라 연락을 못 해줬는데 내일 사자춤을 비롯해 중국 전통 악기 공연까지 섭외해 전교생이 참여하는 '중국 설' 워크샵을 '갑자기' 준비하기로 했다는 것이다. 전화를 걸어 내가 할 일이 있겠느냐고 물었더니, 이번엔 엄마들끼리 준비한 것이 아니라 학교와 전문 업체 간의 계약이 되어 있어 변경할 수도 깰 수도 없다고 했다.

평소에 아이들끼리도 친하고 서로 잘 지내고 있던 엄마였기 때문에 괜히 얼굴을 붉히게 될까 조심스러웠지만 그렇다고 있는 것을 없다고, 틀린 것을 맞다고 그냥 넘길 수는 없었다. 나는 다소 강하게, 그 학교에 아시아인이 중국 아이들만 있으면 모를까, 엄연히 다른 문화권에서 음력 설을 축하하고 있는데도 그런 식으로 행사를 진행하는 것은 아이들에게 잘못된 정보를 학습시키는 것이며, 같은 아시아권이기는 하지만 각 나라에는 개별성이 존재하는데 엄마들이 나서서 그릇된 인식을 가르치면 안 된다고 말했다. 그러나 그는 그 생각을 이해는 하지만 행사 바로 전날이기 때문에 어쩔 수 없다는 답을 반복했다. 나는 급히 자료를 보내 '아시아에는 한국, 태국 등 다른 음력 설을 축하하는 나라가 있다'고 언급하면서 한복을 입은 아이들의 사진을 보여주었다. 그게 최선이었다.

연우가 학교에서 돌아와 "오늘 중국 설이라 학교에서 다 같이 중국 노래를 배우고 중국 과자를 먹었어, 너무 재미있었어!" 하는 것을 듣고 나는 이대로는 안 되겠다는 생각이 들었다. 그 엄마가 나에게 일부러 그랬다고는 생각하지 않는다. 자신의 문화를 소중히 여기고 그것을 알리고 싶어 하는 마음은 누구에게나 있는 것이기 때문이다. 다만 그저 그 엄마에게 한국인의 입장을 헤아려 달라고 개인적으로 어필하기보다는 더 큰 틀에서 이 일을 해결할 필요가 있다고 느꼈다. 언제든 반복될 수 있는 일이라는 생각이 들어서였다. 나는 곧바로 교장 선생님에게 메일을 썼다. 그동안 있었던 일을 최대한 에둘러 알리고, 한 문화에 치중된 행사가 어린아이들에게 얼마나 유해한지, 그리고 결국에는 다수에 의해 소수의 목소리가 묵인됨으로써 다양성 존중이라는 본질에 가장 반하는 결과를 낳게 되는 것에 대해 설명했다. 교장 선생님은 더 많은 이야기를 나누고 싶으니 미팅을 하자 제안했고, 나는 무슨 열사도 아닌데도 마음을 굳게 먹고 결연한 자세로 미팅에 나갔다. '적어도 천 명이 넘는 이 학교 소녀들의 머릿속에 한국 설이 사라지도록 두지는 않을 거야.' 하는 자못 비장한 마음으로.

한국의 장인이 만든 전통 자개 연필꽂이를 보자기로 곱게 싸서 교장실로 가져갔다. 교장 선생님은 먼저 미안하다고 말하며, 이 학교에 다양한 인종이 있지만 교직원 중 각 문화의 당사자가 함께하지 않는 한 특정 문화에 대해 무지할 수밖에 없다는 것을 이해해 달라고 했다. 또한 음력 설을 중국만의 명절로 오인할 수도 있는 행사는 적절하지 않다는 것을 학교 내부에 공유하고, 음력 설에 대해 더욱 '객관적인' 접근을 하겠다고 말했다. 그리고 다양성을 골고루 조명하기 위해 '세계 음식의 날' 행사를 진행해 보면 어떻겠냐는 제안을 해왔다.

그리하여 나는 한 학년 위의 엘라네 엄마인 나영 언니와 둘이서 김밥을 말고 치킨을 튀긴 뒤 한복을 곱게 차려입고 학교에 가기에 이르렀다. 온몸에 기름 냄새를 풍기며. 내 인생에 그렇게 많은 소녀들의 관심을 받아본 날은 그때가 처음이었다. 아이들이 줄을 서서 한복을 만져보며 물었다. "이 드레스 이름은 뭔가요?", "내가 태어나서 본 옷 중에 제일 예뻐요", "어느 나라에서 오셨어요?" 슬쩍 와서 김밥을 맛본 소녀가 친구들을 데리고 오고, 또 그 친구가 맛있다며 엄마를 데리고 오고, 그렇게 한국 테이블의 음식이 가장 먼저 동이 났다. 중학생 정도로 큰 아이들 중엔 한복이나 치킨, 김밥을 알고 있는 아이들도 더러 있었다. 외국인들은 쫄깃한 식감을 싫어한다던데 쫄깃한 약과가 인기였고, 매운 건 못 먹는 줄 알았는데 모든 요리 중에서 우리의 양념치킨이 가장 인기가 있었다는 피드백을 받았다.

이후 이 행사는 연우네 학교에서 3월마다 치러지는 연례행사로 자리 잡았다. 음력 설은 그날을 기념하는 모든 아이들이 각자의 전통 의상을 입고 등교할 수 있도록 하는 식의 이벤트로 변경되었다. 그리고 1년에 한 번씩 각자 자기 문화권의 전통 의상을 입고 등교하는 행사가 만들어졌는데, 전통 의상을 입은 아이들이 줄지어 행진하는 패션쇼나 파티처럼 진행되어 아이들이 무척 좋아한다고 했다. 그날은 연우도 머리에 댕기를 드리고 한복을 입고 학교에 갔다.

어쩌다 보니 런던에 와 살면서, 나는 늘 외지인, 타인이라는 꺼풀을 두르고 손님처럼 행동했다. 그저 조용히, 있는 듯 없는 듯, 묻혀서 지내면 충분하다고 말이다. 그러나 한번 용기를 내어 내가 속한 곳의 긍정적인 변화가 생기는 것을 경험하고 나니, 내가 나를 대표하는 집단에서 정당한 목소리를 내고, 이를 위해 일어서는 것을 부끄러워해선 안 되겠다는 생각이 들었다. 나 자신을 긍정하고 스스로를 대표하는 일은 누가 대신 해줄 수 없다. 우리가 아니면 아무도 우리를 대신해 주지 않는다.

그날 우리 엄마들은 입술에 경련이 나도록 웃으면서도 긍지와 보람을 느꼈다. 옆에서 우리를 도와준 연우는 신이 나서 "엄마! 우리 이거 매번 하자, 꼭 하자!"라고 했다. 속으로는 '한복 입고 김밥 말고 치킨 튀기고 하는 게 어디 보통 일인 줄 아냐' 하면서도 "그래 왜 못해, 매번 하자!" 큰소리쳤다.

요즘도 연우는 학교 간식으로 약과를 싸간다. 그러면 친구들이 너도나도 간식을 바꾸자 한다고 말한다. 훗날 이 소녀들이 어른이 되고 세상에 나아가 언젠가 어디에선가 한국 사람을 마주친다면 어떨까. 어렸을 때 먹었던 약과가 기억날지도 모른다. 어쩌면 연우네 가족을 떠올리며 이런 생각을 할지도 모른다. '아, 어렸을 때 내가 다니던 학교에 한국 아이가 있었어. 그 애가 가져온 스낵이 정말 맛있었는데.'

이런 상상을 하는 것이 우습기도 하지만, 어렸을 때 경험한 무언가에 대한 정서와 인상이 무척 강력하고 오래 남는다는 것을 떠올리면 터무니없지도 않다. 그래서 어린 시절의 경험은, 올바른 교육은 더욱 중요하다. 생각이 흘러흘러 거기까지 미치면 좀 부담스럽긴 해도 정신이 바짝 든다. 방탄소년단의 리더인 RM이 이야기했듯 'K 마크는 우리의 프리미엄 라벨'이어야 하니까 말이다. 우리는 외교관도, 문화 사절단도, 그 무엇도 아니지만 우리 스스로가 그 자체로 한국을 대표하고 있으므로.

초록에서

마주한 얼굴

　월요일을 앞둔 주말 저녁엔 캘린더를 체크하면서 다가올 일주일의 계획을 대강 가늠해 본다. 영국의 학교엔 행사가 많아서 2주에 한 번꼴로 경기나 이벤트가 있고, 아직은 미흡한 아이들을 위해 내가 미리 체크해서 챙겨주어야 하기 때문이다. 월요일인 내일은 선우 태그 럭비 경기가 있고, 화요일엔 학부모 면담이 있군. 수요일엔 연우가 가져갈 기부금을 챙겨야 하겠고. 오는 금요일, 그리고 그다음 주 토요일에 피크닉이 잡혀 있는 걸 보니 벌써 겨울도 얼추 다 지나간 모양이다.

다른 동네의 사정은 잘 모르겠지만, 연우와 선우의 경우 9월에 정식으로 학교에 입학하기 전의 봄에 어김없이 피크닉을 한다. 일종의 워밍업으로, 아이들과 부모가 공원에 모여서 미리 서로의 얼굴도 익히고 친해지도록 하기 위해서다. 그러고 보면 아이들이 세 살쯤 되었을 때 친구들과 첫 플레이데이트를 했던 것도 피크닉이 시작이었다. 우리 동네에는 이삼십 분 거리 반경에 공원이 일곱 개나 있어서 일상 속 공원의 존재감이 꽤 크다. 친구들과 놀 때는 물론, 가족끼리도 주말에 특별한 일이 없으면 공원에 가서 시간을 보낸다. 학교에서도 체육 시간 외에 한 달에 한 번 정도는 공원까지 걸어가 숲길을 걷는 일정이 포함되어 있다. 그야말로 비가 오나 눈이 오나 바람이 부나 공원에 간다.

지금 사는 동네에 이사 올 때의 일이다. 부동산 중

개 업자인 줄리안은 지금의 우리 집을 포함해 몇 곳의 집을 소개해 주었다. 우리 집을 보여주기 전에 그는 이 동네에서 가장 '러블리' 하고 주민들이 자랑스러워 하는 장소인 '커먼(Common)'에 가까운 것이 이 집의 위치적인 장점이라고 이야기했다. 커먼이 뭐지? 삶의 대부분을 서울에서 지냈을 뿐만 아니라, 백화점이 5분 거리, 연결된 지하철역이 10분 거리인 주상 복합에서 20년을 살다 와 다분히 편의형 주거에 익숙했던 나는, 아마도 커먼이라는 곳이 역 주변 상점들이 모여 있는 데를 부르는 말인가 했다. 그렇게 차로 지나가는데 "자, 이제 아름다운 커먼이 나옵니다" 하는 줄리안의 말에 나는 창밖을 유심히 바라보았다. 눈에 펼쳐진 것은 아무것도 없는 그냥 허허벌판이었다. 이 공터를 지나면 그 대단하다는 커먼이 나오는 건가? 하고 있는데, 줄리안이 자랑스럽게 말했다. "정말 러블리하지요. 역시 멋진 곳입니다." 나는 속으로 웅얼거렸다. '도대체⋯ 뭐가⋯?'

커먼이라는 장소에 대해서는 실제로 설명할 것이 많지 않다. 그냥 잔디가 깔린 빈터이기 때문이다. 중간에 큰 연못이 하나 있을 뿐 아무것도 없다. 벤치도 다섯 개 정도 있을까. 빌리지라고 불리는 작은 번화가, 그러니까 식당이나 카페와 상점이 모여 있는 거리에 바로 붙어 있다. 이 커먼을 지나면 나무로 둘러싸인 장막이 나오고, 그것을 뚫고 더 깊숙이 들어가면 사람의 흔적이 거의 없는 숲이 나온다. 그 숲은 옆 동네까지 이어져 모두 합치면 1천 에이커가 넘는 어마어마한 면적으로, 이를 따라가면 템스강이 나온다고 했다. 숲에는 야생 여우와 담비, 족제비 등이 살고 있다고. 신기하긴 했다. 런던이라는 도시의 주택가 바로 옆이 벌판이고, 그 벌판이 거대한 숲으로 이어져, 주거 공간에서 야생으로의 급작스러운 변환이 이루어지니 말이다. 도시에 이런 곳이 있다니.

 어렸을 때부터 아파트에서 살아온 나는 사실 이런 환경에서까지 살기를 꿈꾼 적은 없었다. 글쎄, 그냥 편한 게 제일 아닌가… 싶었는데, 그 생각은 이사를 온 날 저녁 어느 순간에 바로 바뀌게 되었다. 남편과 밥을 먹고 나서 장을 보러 나갔다가 슬렁슬렁 산책을 하는데, 뻥 뚫린 시야에 하늘이 끝을 모르게 펼쳐져 있었다. 하늘은 시간이 지나감에 따라 우아하게 빛깔을 바꾸었다. 더운 여름이었으나 커먼 주변엔 어디서 불어왔는지 딱 알맞은 바람이 불었다. 제멋대로 자라 제각각 빛을 머금은 채로 흔들리는 풀들, 엉망진창으로 뒹구는 개들, 그 모든 것이 그동안 내가 누려왔던 그 어떤 편리함보다도 나의 마음을 편안하게 해주었다. 줄리안의 말이 맞았다. 우리는 곧 그 벌판을 사랑하게 되었다.

그리고 곧 태어난 우리의 아이들 역시 그곳에 몸을 비벼대며 자랐다. 커다란 통나무가 누워 있는 숲속에서 나뭇가지를 그러모아 집을 만들고, 경사 없이 평평한 곳에서 자전거 타는 법을 배웠다. 잔디 언덕에서는 몸을 둥글게 말아 구르고, 굵은 가지가 완만하게 뻗은 나무를 보면 매달리고 기어올랐다. 자연이란 놀이터는 아이들을 따분하게 하는 법이 없었다.

선우가 다니는 동네의 초등학교는 '다람쥐들'이라는 애칭으로 불린다. 교복 앞주머니에 손을 모은 귀여운 다람쥐가 그려져 있기 때문이다. 대부분의 영국 학교엔 네 개의 하우스가 있는데, 선우네 학교의 하우스 이름은 라빈, 블루게이트, 퀸스미어, 킹스미어다. 이들은 모두 학교 주변에 있는 연못의 이름에서 따왔다. 학교에서는 동물 보호 단체나 환경 단체와 협약을 맺고 아이들이 직접 참여하는 활동을 진행하는데, 매년 네 개 정도의 단체를 놓고 아이들이 투표해서 자신들이 서포트할 단체를 선택한다. 작년에는 해양 생물을 보호하는 단체였고, 이번 해에는 동물 구조를 하는 단체가 선정되었다.

놀랍게도 아주 어린 아이들도 무척 적극적이고 주도적으로 아이디어를 내고, 쓰레기를 줍고, 기부를 하며 환경에 도움이 되기 위해 노력한다. 그것은 지식으로써 환경을 배운 결과가 아니다. 걸음마를 할 때부터 나뭇가지를 모아 새 둥지를 만들고 나무를 타고 논 아이들의 마음속에는 자연의 터가 이미 굳건히 만들어져 있다. 그 우애의 마음을 따로 배울 필요가 없는 것이다.

일주일에 한 번, 내가 선우를 학교에서 데리고 걸어서 집까지 오는 날이 있다. 그럴 때마다 선우는 무척 신이 난다. 학교에서 집까지 가려면 커먼을 가로질러 지나야 하기 때문이다. 내가 볼 땐 아무것도 없는 듯한데, 여기저기 파인 구덩이가 아이의 눈에는 여우가 판 굴 같기도 하고 헤이즐 마우스가 판 구멍처럼도 보이는 모양으로, 그저 진흙탕처럼 보이는 연못가도 선우에게는 온갖 종류의 도마뱀, 도롱뇽, 양서류들이 있는 생명의 찬란한 보고다.

요즘엔 옷을 꽁꽁 여민 채 발걸음을 재촉하던 겨울날보다 집에 가는 시간이 두 배는 오래 걸린다. 새순이 돋기 시작한 나뭇가지마다 시선을 주고, 짙어져 가는 이파리를 손으로 쓸어보고, 꽃마다 코를 붙이고 냄새를 맡고 다녀서다. 저녁 시간이 다 된 것을 알고도 어쩔 수가 없다. 태어나 고작 여섯 번의 봄을 맞이한 어린아이가, 지천에서 들리는 생명의 속살거림을 모른 척할 수 있을 리 없다.

지난주엔 물가에 크게 덩어리져 둥둥 떠 있는 개구리알을 보았다. 그것이 모두 올챙이로 태어난다면 수백 마리는 될 성싶었다. 벌써 다 부화했나 하고 물속을 들여다보는데, 수컷 백조가 날개를 펼치고 경계하며 물가로 다가온다. 아마도 저 백조 부부는 올해도 여기서 알을 낳은 모양이다. '곧 이 연못에 보송보송한 잿빛 깃털을 가진 새끼 백조들이 나타날지도 모르겠구나.' 그런 생각을 하면서 선우의 손을 잡고 집으로 가는 길, 우리는 봄을 본 것 같았다. 이제 막 윤환하여 돌아온 새 계절의 얼굴을.

용기는
*
아이 안에 있다

연우가 처음 학교에 들어가고 얼마 뒤, 학교에서 한 해에 네 번 떠나는 '야생의 놀이' 활동을 준비해 달라는 연락을 받았다. 알림장을 읽어보니, 아이들이 숲속에 가서 간식도 먹고 게임도 한다고 한다. 준비물로는 배낭에 간식과 물통을 챙기고, 반드시 장화를 신겨 보내라고 적혀 있었다. 비가 오면 취소하는지 문의했더니, 한 치 앞을 모르는 날씨는 애초에 고려 대상이 아니었고, 비가 오더라도 바람막이 재킷에 모자가 있으니 걱정 말라는 답이 돌아왔다. 다만 아이들이 숲속에 파인 진흙 구덩이에서 마음껏 첨벙거리며 장난을 쳐야 하니, 장화만은 꼭 신겨 보내라는 거다. 아직 봄인 게 믿기지 않을 만큼 쌀쌀한 날씨에 당장 비가 내린대도 이상하지 않은 하늘이었다. 제 몸만 한 배낭을 메고 진흙탕에서 뒹굴 아이를 생각하니 감기라도 걸려 오면 어쩌나 마음이 심란해졌다.

처음 런던에 와서 아이의 어린이집을 결정하기 위해 '투어'했던 날이 떠올랐다. 영국은 좋은 교육에 대한 열망이 대단한 나라여서, 국가 기관에서 해마다 학교들을 평가해 점수를 공개하는데, 최고 등급인 '뛰어남(Outstanding)'을 받은 학교는 입학하려는 아이들로 대기 명단이 꽉 차곤 한다.

마침 우리 동네에 몇 년간 연속으로 최고 등급을 받은 어린이집이 있다기에 어렵사리 약속을 잡아 방문한 날이었다. 늘 그렇듯이 그날도 비가 왔는데, 문을 열고 들어가니 뜻밖의 장면이 펼쳐졌다. 아이들이 진흙탕에 맨발로 들어가 엉망이 된 채 놀고 있는 거다. 또 다른 아이들은 나무를 타고 올라가고, 선생님은 그런 아이들과 함께 태연하게 노래를 부르고 있었다. 여기가 최고 평가를 연달아 받은 어린이집이라니! 위험하고 지저분해 보이는 아이들을 선생님들이 어째서 두고 보는지 의아했는데, 원장 선생님의 말을 듣고는 할 말을 잃었다. "어떠세요. 정말 사랑스럽지요? 하지만 안타깝게도 3년 뒤까지 저희 어린이집에 빈자리는 없답니다."

과연 좋은 어린이집을 선정하는 기준이 뭘까 궁금해 평가 리포트를 찾아보니 '충격의 진흙탕 어린이집'이 최고 등급을 받은 이유는 '도전 의식 함양' 부문이었다. '모든 교육 기관은 아이들의 잠재력을 이끌어내야 하고 그러기 위해서는 아이들이 마음껏 도전하고 자립심을 기르도록 교육해야 한다'는 게 가장 중요한 평가 기준이었던 거다.

그러고 보면 영국의 흔한 동네 놀이터들도 도전과 모험으로 가득 차 있다. 기계 체조 기구들이 즐비한 놀이터, 공중에 설치되어 보호 장비를 착용해야 하는 놀이터, 지형지물을 이용한 놀이터까지 종류도 다양하다. 그러나 무엇보다 놀이터에서 펼쳐지는 터프한 광경들이 더 놀랍다. 어른 팔도 닿지 않을 만큼 높은 봉, 높은 흙더미에서 미끄럼을 타고 내려오는 아이들, 온몸에 모래를 뒤집어쓴 채 즐거워하는가 하면, 아찔한 높이에서 봉을 타고 내려오는 모습은 나 같은 새가슴은 두 눈을 뜨고 보기 어렵다. 놀이터에는 이런 안내문이 붙어 있다. '이 놀이터는 도전을 권장하는 놀이터입니다.'

도전을 놀이 삼은 아이들은, 될 때까지 다시, 또 다시 시도한다. 1940년에 지금의 '도전적인' 놀이터를 제안한 조경 건축가 마조리 앨런은 아이들이 놀이를 통해 올바르게 공간을 점령하는 법을 배워야 한다고 강조했다. "아이들은 스스로 위험을 인지하고 위험 상황을 통제할 수 있는 능력이 있어요. 아이들에겐 지루하지 않게, 살아가는 데 필요한 것들을 가르쳐 줄 놀이터가 필요합니다."

영국 교육의 기본은 아이를 믿는 것이다. 그러기 위해 부모들은 아이가 스스로를 충분히 알고 자신의 능력을 신뢰하는 법부터 알려주려 한다. 그 열쇠는 바로 자유로운 환경에서 수많은 도전과 실패에 노출되는 것. 그곳이 어른들은 피해가는 진흙탕일지언정 아이들은 뛰어들 수 있어야 하고, 높은 곳에 매달려 긁히거나 멍이 든다고 해도 꼭 그렇게 해봐야 한다고 이 사회는 역설한다.

그날 오후 집으로 돌아온 아이는 그다지 진흙투성이도 아니었고 감기에 걸려 콜록대지도 않았다. 다만 얼굴이 잔뜩 상기돼 있었다. 오늘 뭐 했냐고 묻기도 전에 하루 동안 해낸 일을 신나게 늘어놓는다. 숲에서 나뭇가지로 토끼와 쥐들을 위한 집을 만들었다고, 풀어지지 않게 매듭 묶는 방법을 배웠다면서 말이다. 거기에 오늘은 엄마랑 갔던 데보다 훨씬 깊은 숲속까지 들어가 봤다며 어깨를 으쓱댄다. 우리가 늘 돗자리를 깔고 피크닉을 하는 그곳에서 조금 더 깊이 들어가니 백조들이 모여 있는 엄청나게 커다란 호수가 있었단다. 그것은 여태 내가 보지 못한, 보여주지 못한 세계였다.

  원래 다니던 익숙한 길에서 벗어나 발을 더 들여놓은 것. 그날 연우는 자신이 배워온 것이 용기라는 사실을 알고 있을까? 설령 알지 못한다 해도 괜찮다. 제인 오스틴의 말처럼, 용기는 누구도 가져갈 수 없는 것으로 아이 안에 존재하다가, 무언가가 아이를 겁먹이려는 시도를 할 때 당당히 고개를 들 테니까. 땀이 잔뜩 흘러 꾀죄죄한 연우의 얼굴이 빛을 받아 빛나는 호수처럼 반짝였다.

누군가는

알레르기가 있고

남편은 잔디 알레르기가 있다. 국가대표로 10년을 뛴 축구선수가 잔디 알레르기라니? 하지만 사실이다. 잔디밭에 가면 눈물 콧물을 폭포수처럼 흘리면서 재채기를 하고 눈도 제대로 뜨지 못한다. 아마 은퇴 전 축구를 하는 동안은 유발 항원인 잔디에 매일같이 노출되다 보니 항체 반응이 덜 일어났던 모양이다.

영국에서 생활하며 가장 놀란 점은, 크든 작든 음식

점의 메뉴판에 모두 알레르기 항원이 표기되어 있다는 것이다. 종업원도 매번 빠짐없이 "알레르기나 싫어하는 것 있으신가요?"라고 묻는다. 학교의 급식실엔 알레르기를 유발하는 것들, 이를테면 글루텐, 견과류, 과일, 계란, 유제품 등 종류별로 색깔이 다른 목걸이가 있고, 해당 아이들에게는 제공되는 메뉴도 다르며 식사도 따로 모여서 한다. 슈퍼나 마트 어딜 가더라도 '~프리' 제품이 즐비하다. 이런 광경들을 보면 반찬 투정을 하면 등짝을 맞으며 큰 나는 새삼 놀라게 되는 것이다. 세상에 이렇게 알레르기를 가진 사람이 많았어?

나만 빼고 가족 구성원 모두가 각기 다른 알레르기가 있다 보니 여간 신경을 써야 하는 것이 아니다. 연우는 복숭아 알레르기와 약한 아토피가 있고, 선우는 로열 젤리에 반응을 보이고 알레르기성 비염이 있다. 그리고 세 명이 공통적으로 꽃가루 알레르기가 있다. 그래서 어딜 가나 약을 챙겨야 하고, 꽃가루가 날리는 계절엔 아무리 날이 좋아도 창문을 여는 것이 금지다.

하루 종일 공기 청정기를 틀어놓고 코에 스프레이를 뿌리거나 바셀린을 바르거나 하여간 난리도 아니다. 인류가 화성에 탐사 로봇을 보내는 세상이지만 알레르기를 극복하지 못했다니. 평생을 불편할 남편과 아이들을 보면 너무 안됐다는 생각이 든다. 그러고 보면 인생이 참 불공평하다.

학부모 참관 수업을 갔을 때의 일이다. 연우랑 친한 친구인 J는 뛰어난 유머 감각을 가진 말괄량이, 소위 '인싸' 소녀인데, 영어 수업 문제 풀이 시간에 추가 시간이 주어졌다. 나중에 왜 그렇게 하는 거냐고 연우에게 물었더니 난독증이 있는 친구들은 그렇게 한다고 말해주었다. 학교를 다니는 4년간 무척 친하게 지내며 집에도 자주 놀러 와 슬립 오버(하룻밤을 친구네 집에서 자는 것)까지 여러 번 했는데, 그동안 연우는 J의 할머니의 생일도 나에게 말해주고 그 아이가 키우는 달팽이 두 마리에 대해서도 실컷 얘기해 줬지만, 그런 이야기는 한 번도 한 적이 없어서 전혀 모르고 있었다. "학교에 특별한 도움을 받는 친구들이 얼마나 있어?" 하고 물었더니 "E는 헤드폰을 쓰고, M은 어떤 쿠션이 있어야지만 의자에 앉을 수 있어. Z는 손에 쥐는 장난감을 가지고 다녀. 다 달라. 다 똑같이 달라" 하고 대답한다.

누군가는 알레르기가 있고, ADHD가 있고, 허리가 안 좋고, 우울감을 잘 느끼고, 움직이는 게 불편하고, 잘 안 들리거나 안 보이고⋯ 세상엔 그 세상을 살아가는 사람의 수만큼이나 많은 약점이 있다. 또 그들의 매일매일을 들여다보면 어떤가. 회사원, 주부, 아이돌, 연예인 모두가 다른 일을 하고 있지만 남들은 모르는 나만의 짐을 지고 있다는 것만은 똑같다. 저마다의 약점이 있는 도구들을 가지고서, 지저분하고 고된 나날들을 보내고 있는 것이다. 겉으로는 모두 갖춘 것 같아도, 아무리 강하고 단단해 보여도, 그의 삶을 가까이서 살펴보면 조금도 짠하거나 안타깝지 않은 사람이 있을까?

동물 행동학 박사인 네이선 렌츠는 지구상의 모든 종 가운데 가장 많은 신체적, 유전적 약점을 가진 존재가 인간이라는 사실에 의심의 여지가 없다고 말한다. 그러나 바로 그렇기 때문에 인간은 촘촘한 사회관계를 형성했고, 서로 베풀며 도울 수 있었다. 그는 그것이 인간이라는 종이 여태 살아남을 수 있는 비결이었다며, 각자가 지닌 약점이야말로 인간이 가진 고유한 승리의 역사라고 힘주어 말한다. 인간이 지닌 약함과 그 단점을 극복하기 위한 친절이, 흠이 많은 인간이라는 동물을 생존하도록 한 것이다.

'친절'은 귀가 들리지 않는 사람도 들을 수 있고 눈이 보이지 않는 사람에게도 보이는 언어라는 말이 있다. 친절함은 누구나 베풀 수 있고 누구도 소외시키지 않기 때문이다. 친절은 여유 있는 사람들만의 특권이나 소수에게만 허락된 특수한 것이 아니다. 인간인 우리에게는 친절과 서로 도운 경험이 이미 유전자에 새겨져 있다. 사람은 누구나 자신만의 특성과 고유한 흠을 가진 채로 태어나, 목숨이 다할 때까지 고군분투하며 살아간다. 우리의 특성이, 약점이, 서로 다르다는 점이 차별과 혐오를 정당화하는 근거가 되어선 안 된다. 그 약점을 구분하여 나누고 편 가르는 대신, 모두가 딱한 존재임을 살피고, 서로서로 가엾게 여긴다면 좋지 않을까 생각한다. 우리는 피차 친절함으로써 여기까지 온 존재들이니까. 베풂으로써 비로소 존속하는, 약함으로 살아남은 인간이니까.

오늘 날씨

*

정말 춥지 않아?

올해로 런던에 산 지 11년째가 되었지만 아직도 주입식 영어 교육의 한계를 벗어나지 못했다. 아침마다 학교 앞에서 만나는 선생님, 학부모, 또 우체부, 가게 점원 들로부터 하루에도 몇 번씩 "How are you?"라는 말을 듣지만 열이면 열, 자동으로 "I am fine, thank you. And you?"가 나와 버린다. 이 두 문장의 유착은 뼈에 새겨져 있는 것이라 다른 대답은 도무지

입에서 나오질 않는다. 실제로는 "I am well, thank you", "All good, thanks", "Not too bad, thank you" 등 다양한 변주가 있지만 말이다. 그러나 사실 내가 이 가운데서 어떤 대답을 하느냐는 그리 중요하지 않다. 어차피 그다음에 나올 대사는 대충 정해져 있기 때문이다.

최근 영국의 어느 희극 배우가 업로드한 일상 영상이 인터넷상에서 많은 호응을 받았다. 그녀는 교문 앞에서 스몰토크를 하는 가운데 내적 고민에 빠져 있다. '이번만은 안 돼. 절대 안 돼. 제발 말하지 마, 입 다물어!' 하는 마음의 소리. 그러나 잠시 후 그녀는 어쩔 수 없이 그 말을 내뱉고야 한다. "어휴, 날씨가 정말 춥죠?" 이 영상은 영국인들의 아침을 그대로 옮겨 놨다고 평가받으며 수많은 코멘트가 달렸다. '이게 바로 내가 오늘 겪은 일이야', '영국에서 날씨 이야기를 하지 않는 건 불법이지', '날씨 이야기를 하지 않는 법을 아는 사람이 있나요.'

이게 과장이 아니라는 것은 영국에서 나고 자란 사

람이 아니더라도 영국에 살고 있거나, 살았던 사람이라면 알 것이다. 영국인들을 대상으로 한 조사에 따르면, 응답자의 94퍼센트가 지난 6시간 동안 날씨에 대해 한 번 이상 대화를 나눴다고 응답했다. 인류학자 케이트 폭스는 "영국에서는 거의 모든 순간에 인구의 최소 3분의 1이 날씨에 대해 이야기하고 있거나, 이미 그렇게 했거나, 곧 이야기한다"라고 말했다. 나 역시 30년 동안 날씨 이야기를 한 것보다 이곳에 와서 한 날씨 이야기가 비교도 안 될 정도로 많았다. 한국도 지나치게 춥거나 덥거나 비가 많이 오는 계절엔 날씨 이야기를 피하기가 어렵겠지만, 영국에서는 날씨가 추우면 춥다고, 춥지 않으면 춥지 않다고, 좋으면 좋다고, 좋지 않으면 좋지 않다고, 비가 오면 온다고, 아니면 안 온다고…. 그야말로 모든 날씨에 대해, 틈만 나면 너 나 할 것 없이 이야기를 꺼낸다.

그 이유에는 이곳 특유의 종잡을 수 없이 급변하는 날씨가 한몫하긴 했다. 열대 해상과 열대 대륙, 북극 해양, 극지방을 비롯해 여러 기단의 영향을 동시에 받는 지리적인 특성 때문이다. 매일 "오늘은 해가 쬐는 곳도 있겠으나 소나기가 내릴 수도 있습니다. 돌풍에 유의하세요" 같은 일기 예보를 듣고 있으니, 굳이 예보를 할 필요가 있나? 싶을 정도이다. 쨍한 아침 날씨에 속아 새 옷을 입고 나갔다가 갑자기 내리는 비에 우산을 샀더니 이내 비가 그치는 등의 일은 하도 흔해서 얘깃거리도 못 된다. 이런 런던 날씨지만 놀랍게도 영국의 다른 지역에 비해서는 훨씬 온건하고 안정적인 편이라고 한다. 맨체스터에 7년을 살았던 남편은 "확실히 런던이 날씨가 좋네"라고 평했다.

날씨 이야기가 인기인 또 다른 요인은 역시 날씨만 한 이야깃거리가 없기 때문이다. 영국인들은 가벼운 대화를 나누는 상황에서 서로에 대해 직접적으로 말하지 않고 예의를 지키는 것을 중요한 미덕으로 여긴다. 그런 면에서 날씨는 가장 안전한 소재가 분명하다. 상대가 누구인지를 막론하고 역사적으로 민감했던 종교나 지위 같은 정보를 파헤치지 않으면서, 적당한 친근함을 표시할 수 있기 때문이다. 앞서 언급한 인류학자 케이트 폭스는 연구의 일환으로 날씨와 관련된 수백 건의 대화를 엿들었는데, 그녀는 그 대화들이 정말 날씨에 관한 것이라기보다는 영장류의 육체적 그루밍과 더 비슷하다고 말했다. 원숭이들이 친밀감을 표현하기 위해 등을 긁어주며 털을 손질해 주는 행위 말이다. 그녀는 이렇게 연구의 결론을 맺었다. "날씨 대화는 사회적 억제를 극복하고 실제로 서로 대화하는 데 도움이 되도록 진화한 일종의 코드입니다."

이렇게 집착적으로 날씨 이야기를 하는 영국인들의 모습은 때로 세계인의 놀림감이 되기도 하고 오스카 와일드의 말처럼 '상상력의 빈곤'이라는 비난을 받기도 한다. 하지만 어디서나 정적의 무게를 견디지 못하고 늘 첫마디를 하고야 마는 나를 비롯한 외향인들을 위해서, 우리 문화에도 안전하고 무해한 공통의 주제가 있으면 좋지 않을까 생각한다.

한국 사람들은 상대를 아끼고 챙기는 마음으로 종

종 이렇게 말한다. "살이 좀 빠진 것(혹은 찐 것) 같은데?", "왜 이렇게 예뻐(혹은 피곤해) 보여", "왜 이렇게 차려(혹은 후줄근하게) 입었어", "시험 어떻게 봤어?", "일은(혹은 공부, 취업 준비, 입시는) 잘 돼가?" 같은. 별생각 없이 건넨 질문이지만 서로에 대한 평가와 인정의 뉘앙스가 내재되어 있는 경우가 많고, 그런 대화에는 당연한 수순으로 부담이 뒤따른다.

뭐 없을까. 언제 누구에게 물어도 쉽게 대답할 수 있을 정도로 상식적이면서, 어느 정도 중요하긴 하지만 논쟁이 일 정도는 아닌 것. 그러면서도 우리의 힘으로는 도무지 어쩔 수 없기에, 아무리 좋다 해도 누가 잘한 게 아니고, 나쁘다 해도 누구의 잘못이 아닌, 평가로부터 완전히 자유로운 것 말이다. 말하는 사람도 듣는 사람도 불편하게 만들지 않는 보편타당한 이야깃거리. 그래. 아무리 생각해도 이것밖에는 없다.

"오늘 날씨 정말 춥지 않아?"

졌지만 잘 싸웠다는 말의 본고장

어느 오후, 우리 부부는 연우와 선우의 대화를 듣고 있었다.

선우: 우리 오늘 학교에서 축구했어.
연우: 그래? 누가 이겼어?
선우: 서로 한 골씩 넣어서 1대 1로 비겼어. 축구 재밌었어!

연우: 흠, 너희가 하는 걸 축구라고 한다면 그렇겠지만, 사실 너희들이 하는 건 'Sharing is caring'(직역하면 '나누는 것이 배려하는 것이다'라는 뜻이지만 아이들에게는 '친구들과 놀 때 사이좋게 자기 것을 나누어야 해'라는 의미로 널리 쓰이는 문장이다.) 게임이라고 해야 맞겠지.

나는 놀란 눈으로 연우를 쳐다보고 남편에게 소근댔다. "방금 연우가 너무 얄밉지 않았어?" 그러자 남편이 심드렁하게 대꾸했다. "영국이잖아."

농담이 사회 문화적인 도구로써 그 사회의 특성을 나타낸다는 데에 동의한다면, 영국인들은 엄청나게 '냉소적'이다. 〈노팅 힐〉, 〈러브 액츄얼리〉 같은 로맨스 영화에 나온 휴 그랜트는 특유의 신사답고 로맨틱한 이미지가 있지만 영국에서는 그의 '영국인스러운 모먼트'들이 화제다. 그것은 다름 아닌 그의 '냉소주의' 때문인데, 모든 인터뷰나 토크쇼에서 휴 그랜트는 그가 지닌 고약함을 숨기는 법이 없다. 무표정한 얼굴로 한 번도 웃지 않고 "난 사람이 싫다. 배낭을 멘 사람도 싫다. 큰 배낭을 멘 사람, 배낭을 앞으로 멘 사람, 뒤로 멘 사람 다 짜증 난다. 물통을 가지고 다니는 사람도 싫다" 같은 이야기를 하는 식인데, 청중과 진행자는 모두 웃지만 휴 그랜트는 계속해서 뚱한 표정을 짓고 있어 농담인지 진담인지 도통 알 길이 없다. 이를 본 시청자들의 댓글은 '나는 이 성격 안 좋은 남자의 말에 완전히 동의한다' 혹은 '휴 그랜트는 진실만을 말하고 있어'라며 그의 말에 지지하는 반응을 보였다. 이것 역시 웃자고들 하는 얘기겠지. 아닌가?

보통의 경우 영국인들은 속내를 드러내지 않고 비꼬거나 돌려서 말하는데, 그래서인지 한 번 더 생각해야 진의를 파악할 수 있는 꽈배기 같은 문장투성이다. 이러한 농담은 그들이 자랑스럽게 여기는 영문학의 오랜 전통만큼이나 깊은 역사를 가지고 있는데, 셰익스피어의 작품에도 그런 농담들이 자주 쓰인다.

햄릿: 나의 훌륭한 좋은 친구들! 어떤가, 길덴스턴? 아, 로젠크란츠! 어떻게 지내고 있나?

길덴스턴: 우리가 과하게 행복하지 않다는 점에서

행복합니다. 우리가 세상에서 가장 운이 좋은 사람은 아니죠.

직역이기는 하지만 '과하게 행복하지 않다는 점에서 행복하다'는 게 도대체 무슨 말인가? 이런 식의 수수께끼 같은 대화는 일상에서도 많이 접할 수 있다. "Not too bad"를 우리말로 번역하면 '최악은 아니네'지만, 의외로 실생활에서는 '좋다'는 의미로 쓰이고, "Quite good" 하면 '상당히 좋다'는 뜻이지만 사실 '별로'일 때 자주 쓰인다. 영국 사람들은 일상적으로 비꼬는 농담을 주고받으며 때로는 그 일에 열정적으로 보일 정도로 몰입한다. 예를 들면 학부모들이 정보를 주고받는 그룹 채팅방에서, 학교에서 번거로운 만들기 숙제를 내주면 이렇게 말한다. "여러분 혹시 확인하셨나요? 이번에도 정말 즐거운 숙제가 있더라고요. 우리가 돈을 들여 아이들과 멋진 예술품을 만든 다음 매립 쓰레기를 늘리는 일이요." 그런가 하면 넷볼 매치에서 우리 아이들이 다른 학교에 10점 차 이상으로 크게 진 날, 엄마들은 이런 이야기를 나눴다.

"오늘의 멋진 경기를 놓친 사람이 없길 바랍니다. 학교 스포츠가 이만큼 큰 관심을 받기는 어려울 테니까요!" 그럼 거기에 대고 다른 엄마가 덧붙인다. "아, 놓쳤다고 너무 아쉬워 마세요, 우리 아이들의 실력을 보아하니, 다음 주에도 오늘과 같은 멋진 경기가 열릴 가능성이 높다네요."

또 한 가지 영국식 농담의 큰 특징은 '자기 비하'이다. 영국 문화는 청교도부터 이어진 금욕주의의 영향으로 여전히 겸손과 겸양을 미덕으로 여기는데, 이에 스스로를 농담의 소재로 삼는 것이다. 영국에서 진행된 한 연구에서는 사람들이 자기 비하적 유머를 하는 사람에게 매력을 느낀다는 것을 밝혀내기도 했다. 그런 농담을 하는 사람을 정직하다고 여기고, 그에게 더욱 인간적인 매력을 느낀다는 것이다. 스태퍼드셔 대학의 스포츠 심리학자인 마크 존스 박사는 말했다. "영국인들은 완벽한 승리자보다 '용감한 패배자'를 더 사랑한답니다."

이제야 이해가 된다. 어째서 영국인들이 사랑하는

시리즈의 캐릭터는 미국의 슈퍼맨처럼 출신도 외모도 완벽한 '탈인간계'가 아닌, 007 시리즈의 제임스 본드나 셜록 시리즈의 베네딕트 컴버배치가 연기한 셜록처럼 어둡고, 완벽과는 거리가 먼 흠이 있는 인물인지. 도대체 이들은 왜 매번 처참한 경기력으로 다양한 굴욕 장면을 선사하는 축구 경기를 한 주도 빠짐없이 지켜보며, 우승할 리 없는 팀을 대를 이어 응원하는지. 이게 응원을 하는 건지 놀리는 건지 모를 응원가를 부르면서 축구를 사랑한다고 말하는지를 말이다. 한 축구 팬은 말한다. "우리는 영웅적인 팀과 선수가 용감하게 모든 것을 쏟아붓고도 결국 실패하는 모습을 보는 것을 가장 사랑합니다. 누군가 잉글랜드가 메이저 대회에서 우승하기를 진정으로 바란다고 말한다면, 그건 거짓말일 겁니다. 우리는 그저 유로 96 결승에서 우리가 독일을 거의 이길 '뻔'했던 이야기를 끊임없이 하고 싶은 것뿐이라고요." 그러니까 영국인들은 이것조차 아이러니하기 짝이 없다. 허구한 날 "사람이 싫다"고 조소하면서, 인간적인 특성을 갈구하고 거기에 애정을 느낀다는 것이 말이다.

이 의문에 대해서는 영국인들의 광적인 사랑을 받았던 비틀즈의 존 레논의 경우가 실마리가 될 수 있을 것 같다. 그는 인류애에 바치는 찬가와 같은 'Imagine'이란 곡을 쓰고, 폭격을 맞은 지역에 도토리를 심으며 '평화를 위한 캠페인'을 벌였지만, 동시에 (여느 영국인들만큼) 냉소적인 사람이라고 알려져 있다. 그의 문장으로 글을 마친다.

"저는 약간 냉소적이지만 냉소주의자는 아닙니다. 어느 날은 신랄하다가 다음 날에는 냉소적이다가 다음 날에는 아이러니해질 수 있는 거죠. 저는 당연하게 여겨지는 대부분의 것들에 대해서만 냉소적입니다. 사회, 정치, 신문, 정부 같은 것에 냉소를 보내죠. 그러나 삶, 사랑, 선함, 죽음에 대해서는 절대로 냉소적이지 않습니다."

달리는 그녀들이
만든 길

영국에서 "축구 좋아해?"라는 질문은 굳이 할 필요가 없는 말일 것이다. 협회가 인정한 공식 클럽 수만 4만 개가 넘는 나라니까. 우리가 잘 알고 있는 빅 클럽인 맨체스터 유나이티드나 리버풀, 토트넘이 아니더라도 3부, 4부 팀을 대를 이어 응원하는 사람들도 많고, 프로 선수가 아니더라도 축구를 하고 있거나 적어도 축구를 한 적이 있는 사람이 대부분이다. 연우와 선우도 전직 축구선수였던 아빠가 가르치기 전부터 이미 어린이집에서 축구를 배워왔다. 영국에서 어린이집을 다닌 아이 중 공을 안 차본 아이는 찾기가 힘들다. 물론 여자아이들도. 연우가 다니는 학교는 여자 학교이지만 주말에 축구팀에 나가는 친구들이 꽤 있다. 학교에선 넷볼, 하키, 수영과 더불어 축구를 배우는 시즌이 따로 있을 정도다.

이런 영국에서도 여자 축구가 걸어온 길이 늘 꽃길이었던 것은 아니다. 1881년 최초의 공식 여자 축구 경기가 열렸을 때는 선수들의 의복과 외모에 대한 경멸과 조롱이 지배적이었다고 한다. 신변에 위협을 느낀 선수들이 가명을 써야 할 정도였는데, 그럼에도 골키퍼 헬렌 매슈스(그레이엄 부인)를 비롯한 선수들은 끈질기게 버텨냈고, 여자 축구는 1차 대전 때 큰 인기를 끌게 된다. 전선으로 파견된 남성 대신 공장으로 몰려든 여성들이 이전 노동자들과 같은 방식으로 공장 마당에서 축구를 했기 때문이다. 이후 여자 축구는 빠르게 발전해 150팀이 생겨났고, 5만 3천 명 이상의 최대 관중을 기록하며 번창했지만, 흥분한 관중을 통제하는 데 부담을 느낀 축구 협회가 여자 축구 경기를 전면 금지하기에 이른다. 축구가 여성의 건강을 위협한다는 것이 이유였다.

하지만 100년이 지난 지금, 영국의 여자 축구는 진정한 부흥기를 맞고 있다. '라이어니스(Lioness, 암사자들)'라 불리는 잉글랜드 여자 대표팀은 2022년 유로 대회 우승컵을 들어 올리고, 2023년 월드컵에서 결승에 오르며 폭발적인 인기를 끌고 있다. 영국은 축구 종주국임에도 불구하고 50여 년 동안 국제 주요 대회에서 이렇다 할 성과를 이루지 못해 늘 놀림의 대상이 되어왔는데, 여자 축구선수들이 자존심을 지켜내며 국민적 영웅으로 등극한 것이다. 웸블리 스타디움에서 열렸던 여자 유럽 챔피언십 결승전 티켓은 판매를 시작한 후 한 시간도 채 지나지 않아 매진되었다.

《우아하고 호쾌한 여자 축구》를 쓴 김혼비 작가는 "남자 축구의 매력이 빠르게 휙휙 지나가는 것이라면 여자 축구는 (상대적으로) 느리고 정적인 몸동작과 전

개가 선수들과 공이 만들어 내는 축구의 전체적인 그림을 좀 더 명확하게 보여준다"라고 했다. 나 역시 남편 덕에 최고 수준의 경기를 수없이 직관하는 호사를 누렸지만, 축구의 매력을 눈으로 따라가며 제대로 확인한 경험은 여자 축구 경기를 보면서였다. 골이 터지고 안 터지고가 축구의 전부가 아니라는 '축잘알(축구 잘 아는 사람)'들의 이야기가 이제야 좀 이해가 된달까? 위치 선정, 볼 터치, 역습, 압박 같은 것들이 유기적인 움직임을 만들어 내면서 '축구'가 되는 장면이 선명해진 순간, 축구의 진정한 묘미를 알게 되었다. 여자 축구가 파울은 더 적고 패스는 더 많다는 통계도 있으니, 과연 보는 재미가 있을 만하다.

늘어나는 여자 축구에 대한 관심에 영국 클럽들도 적극적이다. 2017년에 5천 632개였던 여자 축구 클럽은 현재 1만 2천 150개로 늘어났다. 보다 포용적이고 선수들과 팬들의 관계를 강화하는 가족적인 분위기 덕분에 남자 축구 클럽과는 차별화된 방식으로 팬들의 지지를 받고 있다. 이런 여자 축구의 부흥기에 우리나라 선수들의 활약도 한몫 하고 있다. 조소현, 이금민 선수가 각각 버밍엄 시티와 브라이튼에서 활약하고 있으며 이전엔 지소연 선수가 있었다. 8년 동안 영국 여자 수퍼리그에서 활약했던 지소연 선수는 리그 최다 우승팀에서 뛰면서 여자 리그 우승과 FA컵과 리그컵을 들어 올렸고, 뛰어난 활약을 인정받아 FIFA 올해의 선수상을 받은 레전드 선수다. 경기장에서의 매서운 모습과 달리 평소 지소연 선수는 무척 밝고 재미있다. 선우와 잡기 놀이를 해주고 떡볶이에 환호하는 소연 선수를 보면 조금은 '슈퍼스타' 같아도 좋지 않을까 생각할 때도 있다. 축구선수로서 최고 영예로운 상을 받았고 제일 커다란 걸개그림이 첼시 한복판에 걸려 관객 몰이를 하던 선수를 감히(?) 친근한 동생처럼 느끼는 게 영 죄송하니 말이다.

그러나 그런 사랑스러운 매력을 가진 소연 선수도 축구에 대한 책임을 이야기할 때는 한층 진지한 얼굴이 된다. 한국에서는 여전히 해야 할 일이 많기 때문이다. 관객들이 도저히 보러 갈 수 없는 평일 오후에

편성된 경기 시간과 선수들이 화상을 입을 정도로 열악한 인조 잔디는 여자 축구가 더 많은 사람들에게 알려지고 사랑받기 위해서 반드시 해결해야 할 과제 중 하나다. 아직 한국에는 여자 축구가 받아야 할 관심과 사랑이 충분치 않다. 이곳에서 뜨거운 환호와 보호를 받으며 선진 축구를 경험한 여자 축구선수들은 그래도, 아니 그래서 한국으로 돌아간다.

  축구에 진심인 사람들의 여정을 지켜보며, 100년도 더 전에 총알처럼 날아드는 공격 속에서도 꿋꿋이 골대를 지켰을 그레이엄 부인이 떠오른다. 그들이 열어놓은 길을 반짝이는 눈으로 바라보는 소녀들도. "여자애가 너무 뛰어다닌다"라는 핀잔을 받던 소녀들이 자유롭게 '축구선수'라는 꿈을 꿀 수 있는 세상에서, 우리 딸들의 꿈이 되어주는 용기 있는 그녀들에게 무한한 응원을 보낸다.

서두를 일 없이
*
반짝일 필요도 없이

대단한 인플루언서는 아니지만 나에게도 인스타그램 계정이 있다. 주로 공유하고 싶은 순간의 감상이나 일상을 저장하는 용도로 쓰는데, 가끔 자신의 사진을 올려 소통하는 다른 계정을 보면 나도 내 사진을 한번 찍어 올려볼까, 하는 생각이 들 때가 있다. 그래서 모처럼 차려입은 날이나 메이크업을 한 날에 용기 내 셀카를 찍어보는데 어김없이 후회하고 만다.

세상에, 화장으로도 가려지지 않는 기미, 잡티에… 아이고, 눈가엔 언제 주름이 이렇게 생겼지? 턱살도 심하게 접혔네. 구시렁대며 연달아 몇 장을 찍어도 마음에 드는 사진이 도대체 나오질 않는 거다. 결국 자동으로 사진을 보정해 주는 필터 앱을 사용하고 나서야 한 장 정도를 겨우 건진다. 피부를 찹쌀떡처럼 뽀샤시하게 해주는 효과도 제대로 들어갔고, 키가 10센티미터는 더 커 보이는 비율이 마음에 쏙 드는 그 사진을 인스타그램에 띄워놓긴 했는데, 나이면서도 또 결코 나는 아닌, 이 정체 모를 여자의 사진을 들여다보며 고민에 빠진다. 하, 이걸 올릴까 말까. 올리면 나의 친절한 팔로워분들이 '좋아요'를 눌러주시겠지만, 그렇게 하트를 받으면 뭐 하냔 말이다. 뽀얀 피부와 브이라인, 8등신 몸매는 결국 제 것이 되지 못하고 '취소' 버튼 하나로 사라져 버렸다.

영국 성인의 61퍼센트는 자신의 외모에 만족하지 못한다고 한다. 10명 중 9명이 스스로 다이어트가 필요하다고 여기고 4명 중 3명이 외모에 불만을 가지고 있다는 한국보다는 낮은 수치이지만, 최근 늘어나는 외모에 대한 불안과 그로 인한 정신 건강의 위협, 섭식 장애는 이곳에서도 심각한 사회 문제가 되고 있다. 외모와 보디 이미지(자기 외모에 대해 지니는 긍정 혹은 부정적인 인식과 태도)의 바람직한 역할에 대해 연구하는 영국의 단체 CAR의 럼스리 교수는 "80대가 돼도 외모에서 자유롭지 못한 여성이 많다. 그런 여성들은 병원에 입원해서조차 자신이 받게 될 치료가 미용에 나쁜 영향을 미치진 않을지 고민한다"라고 말한다. 타인이 내놓는 평가에 귀 기울이며 외모에 관심을 가지기 시작하는 시기는 만 5세로 알려져 있다. 다섯 살 버릇이 여든까지 간다니, 우리는 어쩌면 거의 평생 동안 '남의 눈에 내가 어떻게 보이는가'라는 생각에서 자유로울 수 없는 것이다.

영국 심리학회의 연구는 여성은 물론이고 최근 급격히 늘어난 상당수의 남성이 언론과 잡지에서 묘사하는 특정한 아름다움의 기준을 준수해야 한다는 압박을 받고 있다고 밝혔다. 또한 그 압박감은 SNS의 발달로 연예인이나 모델뿐만이 아닌 일반인과 셀럽의 광고 이미지를 통해 더욱 일상화되고 빈번해지고 있다. 인스타그램은 전 세계적으로 10억 명 이상이 사용하고 있는데, 2017년 14~18세 소녀를 대상으로 진행된 연구에 따르면 소녀들은 편집과 보정을 거친 비현실적인 이미지에 더 호감을 보였으며, 이는 즉각 자기 외모에 대한 불만족으로 이어지는 것으로 나타났다.

2021년 노르웨이는 이스라엘과 프랑스에 이어 디지털 방식으로 수정된 이미지를 사용할 때는 '이 이미지는 보정되었음'을 표시하도록 하는 조항을 법으로 만들었다. 이는 사회가 정한 아름다움의 정의에 따라 만들어진 결점 없는 피부나 완벽한 모델의 몸매는 '현실'이 아니며, 그런 이미지와 자신을 비교하지 않게 하려는 정부의 조치다. 호주의 플린더스 대학 심리학 교수인 마리카 티그먼은 제도에 앞서 우리가 여성의 신체 표현을 확대하고 다양화해 각자가 긍정적인 보디 이미지를 형성하도록 노력을 기울이는 것이 중요하다고 말한다.

오스카를 수상했던 영국 배우 케이트 윈슬렛은 지난해 촬영한 영화의 베드신에서 그의 몸매를 수정하려는 감독에게 "Don't you dare!(감히 그러기만 해봐!)"라고 외치며 강하게 거부해 화제가 되었다. 그는 "계속하여 변하고 움직이는 우리의 몸은 아름답다. 그러나 필터와 보정으로 계속해서 지우고 덮는다면 우리는 변해가는 얼굴을 사랑하는 법을 배울 수 없다. 나는 그들이 존재할 수 없는 허상에 닿으려 애쓰느라 실제로 존재하는 진짜 삶을 놓치지 않기를 바란다"라고 말했다.

누군가의 모공 하나 없이 빛나는 피부, 깡말라도 나올 곳은 나온 몸매, 집 안 가득 쌓인 명품들. 그것들이 진짜인지 가짜인지는 어쩌면 중요하지 않을 수도 있다. 그 무엇도 나의 삶은 아니기 때문이다. 어떤 것도 그 환상을 나의 현실로 가져올 수는 없을 테니까. 결국 '취소' 버튼 하나면 사라져 버리는 것들이 아닌가.

혹시 내 인스타를 팔로우하는 분들 중, 김민지의 일

상을 보는 것이 행복에 조금이라도 안 좋은 영향을 미친다고 판단되신다면 "Don't you dare!" 하며 과감히 저를 '언팔(친구 끊기)' 해주시길 부탁드린다. 나아가 나 자신을 사랑하는 것을 방해하려는 모든 것에 대해, 우리는 다이어트를 결심하고 우울감과 식이 장애를 앓으며 시술을 결심하는 대신, '감히 그러기만 해 봐!'라고 외쳐야 할 것이다. 버지니아 울프가 말했듯, 우리는 서두를 일 없이, 반짝일 필요도 없이, 나 자신 외에는 그 누구도 될 필요가 없으니 말이다.

(나오며)

*

이것은 나의 방

엄마는 진작부터 얘기했다.

너 같은 사람은 너만의 방을 가지고 있어야 한다고.

나 같은 사람은 어떤 사람일까?

아마도 나는, 말이 많은 사람. 글을 읽고 그림을 그리는 사람. 밥 차리고 치우는 사람. 애 키우는 사람. 때로는 게으르고 때로는 하루 종일 바쁜 사람.

생각이 많은 사람. 쉴 새 없이 이야기를 듣거나 하는 사람. 잘 우는 사람. 많이 웃는 사람. 웃다가 우는 사람. 울다가 웃는 사람.

할 얘기가 많은 사람. 할 말이 없어도 무슨 말이든 하는 사람. 할 말이 많은데 다 못 하는 사람. 말을 해서 후회하는 사람. 말을 안 해서 후회하는 사람.

좋아하는 게 많은 사람. 싫어하는 건 더 많은 사람.

세상이 좋은 사람. 그러면서도 세상이 끔찍한 사람. 사람이 지겨운 사람. 그런데도 사람을 사랑하는 사람.

'그래도 사랑하는 사람.'

엄마 말에 "응" 하고 대답하면서 속으로 그랬다.

'내가 버지니아 울프도 아닌데 무슨.'

그래 놓고 나는 기어코 책을 썼다.

꽃가루에도 상할 듯 보잘 것 없는 그런 방 한 칸을 얻었다. 이토록 작고 너절한 방이라도 방이 아니라곤 할 수 없다. 이것이 특별히 나를 어디로 데려가 주는 것도, 다른 삶을 살게 해주는 것도 아니다.

그러나 그저 있는 것만으로 충분한 무엇이 있다면 그것이 바로 이 방일 것이다. 문밖에 모래바람이 불고 험한 계절이 온대도 이것만은 그대로 있을 것이다.

반짝이지 않아도 잘 지냅니다
김민지 에세이

1판 1쇄 인쇄 2025년 7월 10일
1판 1쇄 발행 2025년 7월 20일

지은이 김민지
펴낸이 김성구

책임편집 이은주
콘텐츠본부 고혁 양지하 김초록 류다경
디자인 이영민
마케팅부 송영우 김지희 강소희
제작 어찬
관리 안웅기 이종관 홍성준

펴낸곳 (주)샘터사
등록 2001년 10월 15일 제1-2923호
주소 서울시 종로구 창경궁로35길 26 2층 (03076)
전화 1877-8941 | 팩스 02-3672-1873
이메일 book@isamtoh.com | 홈페이지 www.isamtoh.com

© 김민지, 2025, Printed in Korea.

이 책은 저작권법에 따라 보호를 받는 저작물이므로 무단 전재와 복제를 금지하며,
이 책의 내용 전부 또는 일부를 이용하려면 반드시 저작권자와 ㈜샘터사의
서면 동의를 받아야 합니다.

ISBN 978-89-464-2311-4 03810

- 값은 뒤표지에 있습니다.
- 잘못 만들어진 책은 구입처에서 교환해 드립니다.

샘터 1% 나눔실천

샘터는 모든 책 인세의 1%를 '샘물통장' 기금으로 조성하여 매년 소외된
이웃에게 기부하고 있습니다. 2024년까지 약 1억 1,650만 원을 기부하였으며,
앞으로도 샘터는 책을 통해 1% 나눔실천을 계속할 것입니다.